O CRIME DOLOSO

S586c   Silva, David Medina da
           O crime doloso / David Medina da Silva. – Porto Alegre: Livraria do Advogado Ed., 2005.
          149 p.; 16x23 cm.
          ISBN 85-7348-385-7

             1. Dolo: Direito Penal. 2. Crime doloso. I. Título.

                                                      CDU - 343.222.2

          Índices para o catálogo sistemático:
          Dolo: Direito Penal
          Crime doloso

(Bibliotecária responsável: Marta Roberto, CRB-10/652)

David Medina da Silva

O CRIME DOLOSO

livraria
DO ADVOGADO
editora

Porto Alegre 2005

© David Medina da Silva, 2005

Capa, projeto gráfico e diagramação de
Livraria do Advogado Editora

Revisão de
Rosane Marques Borba

Direitos desta edição reservados por
Livraria do Advogado Editora Ltda.
Rua Riachuelo, 1338
90010-273 Porto Alegre RS
Fone/fax: 0800-51-7522
editora@livrariadoadvogado.com.br
www.doadvogado.com.br

Impresso no Brasil / Printed in Brazil

A meus pais e avós, minha razão de exitir...

A Jaqueline e Felipe David, minha razão de tudo.

Prefácio

Instado a apresentar a obra do Promotor de Justiça e professor na Escola Superior do Ministério Público do Rio Grande do Sul, Dr. David Medina da Silva, mais que palavras vazias de encômios, aponho minha sincera alegria de presenciar este *perpetuum mobile* que caracteriza a vida e explica nossa grandeza e destino: enquanto o antigo se esfuma e se desfaz, surge o novo, burilando a velha idéia e depurando seus conceitos, até o ponto de explicitá-lo claramente, traduzindo-o com lucidez para as novas gerações, fazendo assim o pensamento renascer. Nessa transposição, o contributo do aprimoramento de conceitos e o expurgo de excessos antes havidos. Escrever sobre Direito Penal já não constitui tarefa simples. Houve um tempo em que as teorias estavam por ser inventadas, e ser grande no direito era criar algo, por menor que fosse, porque o campo das teorias era terra ávida por fecundação. Mas já faz décadas que o modelo se esgotara, defendendo-se inclusive um maior protagonismo do processo penal para dar novo alento ao direito substantivo que dava sinais de cansaço; também e por outro lado, desde terras argentinas, profetizava-se mais convictamente que o direito penal brevemente sucumbiria à criminologia, porquanto aquele direito punitivo nascido na civilização mediterrânea terminara sua missão. Como boa profecia, descumpriu-se frente aos humores malabares do destino. Mas, se o direito penal não ruiu – porque o homem dele continua a necessitar – o que caiu por terra foi o poder de invenção e até de renovação. Esgotou-se em seus vários desenhos dogmáticos que pretendiam a decodificação do crime como ente cultural e científico. Esgotou-se nos multifários intentos de fazer da ciência do dever-ser, uma ciência assertiva e matemática, plena de previsibilidade, incrementadora da "segurança jurídica". O pior do direito penal, talvez sejam os penalistas: a lembrar a velha imagem de Hungria, onde o penalista se comporta como aquele analista e sua lupa, tanto partem e repartem o "fio de cabelo" (direito penal), que ao final nos perguntamos de que mesmo estávamos tratando, qual seria o objeto e o que é o direito penal.

Pertence a Evandro Lins e Silva uma veraz afirmativa: "No direito o complicado é ser simples". E aqui está o mérito do artista. Daquele a quem a alma não se perde nos labirintos dogmáticos e sabe resgatar à luz do dia o que se embrenhara na noite das complicações. O útil hoje não é reinventar – o mundo anda meio farto de reinvenções –, mas de releituras "dificilmente" simples, desafiadoramente didáticas, inventivamente explicativas. O que precisamos é ajustes, o direito penal já foi elaborado. A nebulosidade esconde a pedra que, ao fim e ao cabo, nada mais é que uma simples pedra. Este o mérito do autor: revelar a pedra no meio do caminho do estudioso, denotando-lhe a essência, desmistificando-lhe o ser, desvestindo-lhe para a compreensão. Assim o Dr. David Medina da Silva labora sobre as bases do "Crime doloso", reconstruindo-o em seus alicerces os mais sólidos, até atualizá-lo sob as últimas influências de Jakobs, na Alemanha, a luz de seu normativismo funcional-sistêmico buscado principalmente em Lühmann, denotando a leitura seleta e em dia com a ciência penal.

E se este é o espaço do prefaciante, não o é para discussões doutrinárias, a rigor insolúveis. É para o aplauso sincero, convidando o leitor à imersão na obra e à reflexão. A escrita ágil revela o domínio autoral sobre o tema, em que a simplicidade e a clareza alcançadas, denotam o mérito antevisto pelo grande Evandro. A sensibilidade do Promotor de Justiça e a didática do Professor experimentado se conjugam e se completam na escrita, onde a perfumaria jurídica não teve assento, porquanto o livro só albergou matéria prima de qualidade: boa doutrina e o arrimo sempre valoroso da jurisprudência. Na pia batismal em que foram ungidos Carrara, Binding, Welzel e tantos outros grandes penalistas, também se batizaram valorosos gaúchos do passado e do presente, e nestes, todos eles, o autor busca inspiração, ciência e descortino. O mais é destino, e este costuma bafejar com a sorte os bons.

Edilson Mougenot Bonfim

Sumário

Apresentação 15

Capítulo 1 – Introdução
1.1. Normas penais 17
1.2. Conduta 19
1.3. Resultado 19
1.4. Nexo causal 20
1.5. Tipicidade 24
1.6. Jurisprudência 24

Capítulo 2 – Conduta
2.1. Definição de conduta 27
2.2. Ação e omissão 29
2.3. Teorias da conduta 33
2.4. Estrutura da conduta 35
2.5. Exclusão da conduta 37
2.6. Funcionalismo penal e imputação objetiva 39
2.7. Jurisprudência 43

Capítulo 3 – Dolo e culpa
3.1. Dolo 45
3.2. Culpa 48
3.3. Excepcionalidade do crime culposo 52
3.4. Jurisprudência 54

Capítulo 4 – Teorias do dolo
4.1. Teoria da vontade 57
4.2. Teoria da representação 57
4.3. Teoria do consentimento 58
4.4. Teoria da probabilidade 58
4.5. Teoria do risco 58
4.6. Teoria do perigo desprotegido 58

4.7. Teoria da indiferença 59
4.8. Teoria da evitabilidade 59
4.9. Síntese teórica 59
4.10. Jurisprudência 60

Capítulo 5 – Estrutura do dolo
5.1. Panorama evolutivo 63
5.2. O dolo normativo 68
5.3. O dolo natural 69
5.4. Representação 70
5.5. Vontade 71
5.6. O dolo da pessoa jurídica 72
5.7. Jurisprudência 74

Capítulo 6 – Dolo e tipo penal
6.1. Breve história do tipo penal 75
6.2. Elementos do tipo penal 76
6.3. Adequação típica 77
6.4. Atipicidade subjetiva 78
6.5. Dolo e elementos subjetivos do tipo 79
6.6. Jurisprudência 82

Capítulo 7 – Dolo e circunstâncias
7.1. Circunstâncias do crime 83
7.2. Crimes qualificados 85
7.3. Crimes qualificados pelo resultado 86
7.4. Crimes preterdolosos 87
7.5. Jurisprudência 89

Capítulo 8 – Dolo e erro
8.1. Evolução do erro jurídico-penal 91
8.2. Erro sobre elemento do tipo 92
8.3. Erro sobre a ilicitude do fato 94
8.4. Erro nas descriminantes 96
8.5. Erro nos crimes omissivos 99
8.6. Erro acidental 100
8.7. Erro de execução 100
8.8. Resultado diverso do pretendido 101
8.9. Erro sobre o nexo causal (*aberratio causae*) 102
8.10. Delito putativo 102
8.11. Jurisprudência 102

Capítulo 9 – Dolo eventual e culpa consciente
9.1. O comportamento humano 107
9.2. O dolo eventual 108
9.3. A culpa consciente 110

9.4. O problema da distinção 113
9.5. Síntese necessária 117
9.6. Jurisprudência 118

Capítulo 10 – Dolo e tentativa
10.1. O crime tentado 121
10.2. Dolo (eventual) e culpa na tentativa 125
10.3. Jurisprudência 127

Capítulo 11 – Temas práticos
11.1. A prova do dolo 129
11.2. Acusação e dolo 131
11.3. Dolo eventual e crimes de trânsito 132
11.4. Dolo e infecções 135
11.5. Dolo e culpa na aplicação da pena 136
11.6. Jurisprudência 138

Conclusão 143
Bibliografia 147

Apresentação

O rio dos homens sem sonhos, descrito pelo jurista e poeta José Fernando Gonzalez, segue seu curso entre as sombrias encostas da sociedade brasileira. A criminalidade assume contornos de guerra civil, freqüenta as campanhas eleitorais, acende estopins entre juristas das mais variadas tendências. A produção intelectual cresce vertiginosamente, ante a fertilidade do campo. Florescem discussões, teorias, idéias...

Em contrapartida, o direito penal permanece atônito, espectador confuso, impotente, acuado até, na crise que se abate sobre a sua própria credibilidade, ante a irracionalidade legislativa, a ineficácia do aparato de segurança, o descontentamento com a justiça penal, o caos nos presídios.

Mais do que nunca, escrever sobre o direito penal é um ato de coragem. Especialmente, quando se trata de escrever sobre tão espinhoso tema, que está no centro do desenlace criminoso, que trata da subjetividade humana e que passa por polêmicas terríveis: o dolo.

Então, a coragem conduz a pena, porque não hesito em tomar posições. Mas a coragem não vem sozinha, pois a acompanha a crença de que me foi dado o dever de contribuir, com minha razão e com minha sensibilidade, aos debates que se desenham sobre temas importantes da criminalidade contemporânea: dolo eventual e culpa consciente, dolo eventual e tentativa, dolo eventual no trânsito, dolo da pessoa jurídica, dolo e HIV, entre tantos outros.

Não ousei divagar por alucinantes caminhos filosóficos, para não correr o risco, como Diógenes, de cair na fenda estéril das lucubrações. Impus-me base científica e clareza de pensamento. Inspirou-me a sala de aula.

Levaram-me os passos de professor. Guiou-me um coração de estudante!

O Autor

Capítulo 1

INTRODUÇÃO

1.1. Normas penais

Quando dois indivíduos estabelecem um relacionamento, imediatamente passam a transmitir-se um código de regras pessoais que devem ser reciprocamente respeitadas.

À medida que cresce o número de indivíduos interagindo no relacionamento, cresce o número de regras entre eles.

O desrespeito a uma dessas regras faz surgir o conflito de interesses que será, de uma forma ou de outra, solucionado. É o Direito operando em sua essência.

A necessidade de certa ordem no cotidiano social, repleto de conflitos e lutas pela perpetuação e satisfação individual, faz surgir a liderança. Em estágio primário, a liderança é perceptível em quase todos os grupos de indivíduos, humanos ou não. Nas sociedades complexas, surge a idéia de Estado, que irá exercitar uma liderança também complexa, regulando inúmeros aspectos da vida social. Do Estado, agora, emanam as regras a serem respeitadas. Emerge o conceito de norma jurídica, cuja abrangente diversificação faz surgir os diversos ramos do Direito, entre eles, o direito penal, destinado a proteger os valores mais elementares e mais caros da vida relacional. No âmbito do direito penal, as regras operam sob o nome de normas penais.

As normas penais dividem-se em incriminadoras, permissivas e explicativas.

As normas incriminadoras definem condutas criminosas. Assim, matar alguém é crime, diante do art. 121 do CP. O art. 121 corresponde a uma norma incriminadora, portanto.

As normas permissivas excluem a tipicidade, a ilicitude, a culpabilidade ou a punibilidade. Matar alguém em legítima defesa é permitido, em face do art. 23, II, do CP, que corresponde a uma norma permissiva.[1]

As normas explicativas não incriminam e tampouco permitem, e sim, estabelecem critérios para aplicação das normas incriminadoras e das normas permissivas. Ex.: Art. 4º do Código Penal, que estabelece o *tempo do crime*, assim considerado o momento da ação ou da omissão, ainda que outro seja o momento do resultado.[2]

As normas incriminadoras são a essência do direito penal. Lógico: se não temos a definição da conduta criminosa, de nada adianta a permissão para a prática da conduta, tanto quanto não adianta o estabelecimento de critérios de aplicação das normas penais.

Normas incriminadoras são, portanto, aquelas cuja violação implica a realização de um crime, em tese.[3] Na verdade, estão elas subentendidas nos artigos que estabelecem o crime e a pena.

O fato humano considerado violador da norma penal incriminadora chama-se fato típico. Não é, por si só, um crime, pois poderá haver, *in concreto*, uma permissão para a prática da conduta incriminada. Não basta, porém, a

---

[1] Além da legítima defesa, também o estado de necessidade, o estrito cumprimento do dever legal e o exercício regular de direito são exemplos de normas permissivas.

[2] O CP brasileiro desprezou a teoria do resultado, que considera praticado o crime no momento da verificação do resultado, e a teoria mista, que considera tempo do crime tanto o tempo da ação quanto o tempo do resultado. Assim, deflagrados os disparos no dia de hoje, não importa que a vítima, levada ao hospital, venha a morrer no mês seguinte. Hoje é o dia do crime, ante a teoria da ação.

[3] Diz-se "em tese" porque, se verificarmos posteriormente a incidência de uma norma permissiva (Ex.: A matou B em legítima defesa), a conduta violadora da norma não será considerada criminosa.

mera subsunção formal de um comportamento a uma norma incriminadora para a configuração do fato típico. É preciso a verificação completa dessa subsunção em toda a sua complexidade e abrangência. Por isso, costuma-se decompor a estrutura do fato típico nos seguintes elementos:

a) conduta;
b) resultado;
c) nexo causal entre conduta e resultado;
d) tipicidade.

1.2. Conduta

Constitui o vértice do sistema penal, mercê do princípio *nullum crimen sine conducta*. É o pressuposto fundamental de atuação do direito penal.

A conduta é a manifestação da atividade humana, podendo revelar-se sob as formas *comissiva*, isto é, de ação, com sentido positivo, ou seja, de um movimento corporal, e *omissiva*, com sentido negativo, ou seja, de inércia ou inatividade.

Constitui, portanto, na visão analítica do crime, o primeiro requisito do fato típico. Por sua complexidade – e sendo o centro de interesse relativo ao dolo – a conduta será objeto de capítulo à parte (Capítulo 2, *infra*).

1.3. Resultado

Resultado é, do ponto de vista natural (ser), a transformação do mundo físico, como uma morte, um desfalque patrimonial, etc. Do ponto de vista normativo, constitui a simples violação do bem jurídico, material ou não, tutelado pela norma.

Segundo a concepção naturalista, há crimes sem resultado, como a omissão de socorro (CP, art. 135). Para a concepção normativa ou jurídica não há crime sem resultado, pois todos os delitos implicam a violação de um bem jurídico, material ou não.

1.4. Nexo causal

Entre a conduta e o resultado naturalístico deve-se estabelecer um juízo de imputação, de modo que se possa ter certeza de que o resultado ocorreu por obra do agente, e não por outro fator que tenha sido coincidente. A imputação se faz pela relação de causalidade ou, simplesmente, nexo causal. Modernamente, fala-se em juízo de imputação de acordo com a *teoria da imputação objetiva* (Capítulo 2, *infra*).

O nexo causal é um conceito metafísico, pois indemonstrável. Diante de um efeito no mundo físico, atribui-se uma causa por raciocínio dedutivo.

O direito se apodera da idéia de causalidade física para estabelecer como causa toda ação ou omissão sem a qual o resultado não teria ocorrido (CP, art. 13, *caput*), consagrando a teoria da *equivalência dos antecedentes causais* (*conditio sine qua non*). Por essa teoria, uma ação ou omissão será considerada causa ainda que tenha dado ínfima contribuição para o resultado.

Chega-se à conclusão de que um dado foi causa do resultado quando, eliminado hipoteticamente da cadeia causal,[4] o resultado não teria ocorrido, pois isto revela sua importância para o efeito final. Se, todavia, eliminando-se mentalmente o fator inserido na cadeia causal o resultado ainda assim teria ocorrido, é porque se trata de um fator irrelevante, ou seja, uma "não-causa". É o que chamamos *processo de eliminação hipotética de Thyrén*.

---

[4] Importa ter em mente que um evento nunca é fruto de uma causa única, mas de um conjunto de condições antecedentes que concorrem para um resultado final, seguindo uma linha homogênea de acontecimentos denominada "linha de desdobramento causal".

Imagine-se a seguinte estrutura causal:
1. A cogita matar B
2. A compra a arma
3. A despede-se da mãe
4. A encontra B
5. A desfecha tiros contra B
6. B é levado ao hospital
7. B morre

Nessa estrutura, apenas os números 3 e 6 podem ser eliminados sem que se altere o resultado. De fato, é irrelevante se A despediu-se da mãe ou se B ficou caído na via pública. Todavia, sem a cogitação – aspecto interno da conduta –, a compra da arma, o encontro dos desafetos, os disparos, B não teria morrido.[5]

Desenhou-se, acima, uma linha causal simples, que se resolve perfeitamente pela teoria da equivalência dos antecedentes causais.

Problemas surgem, porém, diante de desdobramentos causais complexos, em que outros desdobramentos causais interferem no resultado final. Nesses casos, não socorre a teoria da *conditio sine qua non*, impondo-se a adoção da teoria da *causalidade adequada*, em que vai se perquirir se, ante o concurso de desdobramentos causais, a conduta do agente foi adequada para a produção do resultado.

Dita adequação surge quando há homogeneidade entre os cursos causais, ou seja, quando não houve antagonismos entre as causas, que, embora distintas, somaram-se na produção do resultado.

Assim, por exemplo, se A resolve atear fogo na casa de B, e este tenta fugir, mas C, que não sabe de A, desfere disparo para impedi-lo, e B acaba morrendo queimado, por não conseguir fugir das chamas, é evidente que os cursos

---

[5] Saliente-se que deve sempre ser considerado o resultado específico. Lógico que A poderia matar B de muitas outras maneiras, mas deve se levar em consideração o resultado como ocorreu e não segundo outra hipótese qualquer.

causais uniram forças na produção do resultado final. Há cursos causais homogêneos, e C responde pelo resultado morte, embora esta tenha decorrido da queimadura, sem excluir-se, é óbvio, a responsabilidade de A no crime.

Não há adequação quando as causas não se unem, de modo que uma acaba atrapalhando o desdobramento da outra, ao invés de unir-se a ela. É o caso em que B, ferido com disparos letais desferidos por A, morre no hospital, para onde foi conduzido, em virtude de queimaduras provocadas por um incêndio. A menos que o próprio A tenha causado o incêndio, não responderá pela morte, porque os disparos efetuados não foram adequados para causá-la. O fogo, no caso, obstou o desdobramento natural da causalidade desencadeada por A. Há heterogeneidade entre as causas, e o agente responde, apenas, pelos atos praticados, que, no exemplo, configuram homicídio na forma tentada.

Portanto, nos desdobramentos causais complexos, é preciso distinguir a causa homogênea, isto é, que se insere na linha de desdobramento causal em curso, da causa heterogênea, que constitui uma aberração dentro do processo causal em curso. Só na homogeneidade é que se pode responsabilizar o agente pelo resultado.

A causa heterogênea, porque aberrante, interrompe a imputação na medida em que impede o nexo de causalidade. Óbvio que, do ponto de vista puramente físico, a causalidade existe, mas o direito penal, nesse caso, despreza a *equivalência causal* e opta pela *causalidade adequada*.[6]

Quando se está diante de desdobramentos causais complexos, está-se diante de causas independentes. Essa independência entre causas pode ser absoluta ou relativa.

Na independência absoluta, uma linha causal nada tem a ver com outra. Ex.: A, disfarçado de garçom, envenena a comida de B, que morre em virtude de uma explosão no restaurante.

---

[6] Teoria atribuída ao fisiólogo von Kries, pela qual a causa é o antecedente, não só necessário, mas adequado, isto é, idôneo, à produção do resultado.

Na independência relativa, os cursos causais estão, como sugere a expressão "relativa", relacionados. A desfere tiros em B, que é levado ao hospital, morrendo no caminho em razão de traumatismo craniano decorrente de acidente da ambulância. Note-se que B não estaria na ambulância não fora a conduta de A.

É nas causas relativamente independentes que se aplica a teoria da causalidade adequada, exposta acima, já que na independência absoluta a conduta nada tem a ver com o resultado.

Em regra, uma causa relativamente independente só exclui a imputação do resultado quando for heterogênea, comportando-se como aberração do curso causal, por estar fora da linha natural de desdobramento. Verifica-se, então, o mesmo que ocorre na independência absoluta de causas, pois a causa aberrante comporta-se como uma causa solitária, desgarrada do curso causal precipitado pelo agente, o qual só deverá responder pelos atos que efetivamente praticou. Assim, se B morreu em razão do traumatismo originado do acidente na ambulância, isto foi uma circunstância alheia à vontade de A, impedindo-o de matar B a tiros. A deve responder por tentativa de homicídio. É o que dispõe o artigo 13, § 1º, do CP: "A superveniência de causa relativamente independente exclui a imputação quando, por si só, produziu o resultado; os fatos anteriores, entretanto, imputam-se a quem os praticou."

Resumindo: o agente responde, em regra, pelo resultado, salvo se, num desdobramento causal complexo, houver heterogeneidade entre os cursos causais, e a conduta do agente não for adequada, ante a natureza aberrante da causalidade distinta, caso em que o agente só responde pelos atos praticados.

Nos chamados crimes omissivos impróprios não há causalidade natural ou física. A mãe que se omite ante o filho e o mata por inanição não causa materialmente a morte do filho. Tem-se, então, a chamada *causalidade normativa* ou *jurídica*, já que o que causa o resultado é o descumprimento do dever especial de proteção previsto no artigo 13, § 2º, do CP, que será melhor examinado alhures. Nos crimes omissivos puros, por não se falar em resultado material na estrutura típica, também não se fala em nexo causal.

1.5. Tipicidade

Diz respeito à adequação da conduta a um tipo penal determinado. Em não havendo essa adequação, fala-se em atipicidade. Sem tipicidade, não há fato típico.

A adequação típica pode ocorrer diretamente (adequação típica de subordinação imediata), como no caso de quem se arma e abate seu desafeto, já que a conduta ajusta-se perfeitamente ao tipo penal de homicídio (art. 121), ou indiretamente (adequação típica de subordinação mediata), quando é preciso recorrer ao auxílio de uma norma de extensão. Aquele que se limita a atrair a vítima ao local em que outros a abatem, por exemplo, não está a praticar a conduta descrita no tipo penal do homicídio. Com efeito, a tipicidade é obtida com o auxílio da norma do artigo 29 do CP, que estende o alcance do tipo a pessoas que não incorreram diretamente em seus termos (norma de extensão pessoal). O mesmo ocorre com a tentativa (CP, art. 14, II), que estende o alcance do tipo a momento anterior à consumação (norma de extensão temporal).

A adequação típica deve ocorrer objetivamente e também subjetivamente. É no exame da adequação típica subjetiva, isto é, na correspondência do fato à subjetividade do agente que sobreleva o interesse em relação ao dolo.

1.6. Jurisprudência

1. Relação de causalidade material: "Não há crime sem relação de causalidade entre a conduta e o resultado. Urge, entretanto, não ficar restrito ao vínculo material.

Caso contrário, consagrar-se-á a responsabilidade objetiva, constitucionalmente repelida. Urge, ademais, distinguir previsão, ou previsibilidade do resultado em tese, do resultado concreto. Ao direito penal da culpa só interessa o segundo. O tema ganha relevo quando o Código Penal distinguir a concausa superveniente que, por si só, produziu o resultado, da que apenas concorre, colabora para o resultado final" (STJ, REsp. 104.221, Rel. Luiz Vicente Cernicchiaro, DJU 10.03.1997, p. 6.019).

2. Relação de causalidade material: "Sobrevindo o óbito por infecção em face da cirurgia, há relação de causalidade entre o resultado (morte da vítima) e a causa (ato de desferir facadas), daí decorrendo que a morte foi provocada pelo comportamento do agente (art. 13 do CP), o que caracteriza homicídio e não lesão corporal seguida de morte" (Supremo Tribunal Federal – HC 78049/PR – 2ª Turma, Rel. Min. Maurício Corrêa, DJU 09.4.99).

Capítulo 2

CONDUTA

2.1. Definição de conduta

A noção de comportamento traduz de forma genérica uma atividade do indivíduo em sua interação com o meio. Para o direito penal, a palavra "conduta" é, também, a forma genérica de identificação da atividade penalmente relevante, que se pode traduzir numa ação ou numa omissão. De um modo geral, a ação corresponde ao movimento, enquanto a omissão corresponde à inércia. Alguns preferem usar o termo "ação", em sentido amplo, como gênero das duas espécies. Mais adequado, porém, é o termo "conduta", este sim genérico.

Importa notar que uma conduta é uma estrutura complexa envolvendo aspectos físicos e psíquicos.

O plano físico relaciona-se com a expressão corporal positiva (movimento) ou negativa (inércia) que caracteriza externamente a atividade. Muitas vezes, tal expressão comportamental atua fisicamente sobre outros corpos ou objetos, produzindo-lhes alguma espécie de alteração.[7]

O plano psíquico compreende os fenômenos intelectuais (ligados à cognição) e volitivos (ligados à vontade), entre outros, predominantes na mente do sujeito ao tempo do comportamento.

---

[7] O direito penal identifica esta transformação como resultado naturalístico ou evento naturalístico. Algumas condutas não produzem resultado naturalístico, embora se possa falar, sempre, em resultado jurídico ou normativo, ante a violação do bem jurídico tutelado pela norma.

Na verdade, a complexidade dos fenômenos psicológicos, ainda longe de serem totalmente desvendados, permite apenas uma rápida aproximação.

Conforme a lição de Emilio Mira y López:

"O que para o jurista representa todo seu material de estudo, ou seja, o ato delitivo, não é para o psicólogo, como já temos indicado, mais do que a fase explícita, em que culmina e se descarrega um processo psíquico, de paulatina carga delitógena, cujos momentos iniciais remontam, às vezes, até várias décadas no passado individual. Todo delito passa, pois, por diversos estados intrapsíquicos que podem ser, ou não, conscientes".[8]

O certo é que, quando ocorre um comportamento, uma vastidão de fenômenos internos (impulsos, desejos, necessidades inconscientes, etc.) apresentam-se à colação. Apenas dois, porém, interessam mais diretamente ao direito penal: representação e vontade.

A representação configura fenômeno intelectual que traduz a capacidade humana de conhecer o meio em que vive, interagindo com ele. A vontade apresenta-se como energia interna capaz de gerar comportamento. Um alerta: vontade é simples impulso psíquico. Sem ela, verifica-se algo involuntário, fortuito e inevitável. Portanto, a vontade não se confunde com intenção ou com finalidade, que podem se agregar à vontade, dando-lhe um sentido específico.

"Vontade – ensina Paulo José da Costa Júnior – como carga de energia psíquica, que impele o agente. Vontade como impulso causal do comportamento humano. Não intenção, que é a bússola da vontade, seu elemento finalístico, que norteia para o objeto eleito. A vontade, portanto, limita-se à conduta. A intenção volta-se ao evento, que é o escopo".[9]

---

[8] *Manual de psicologia jurídica*, 4. ed., Buenos Aires: Ateneu, 1954, p. 144.
[9] *Nexo causal*, 3ª ed., São Paulo: Siciliano Jurídico, 2004, p. 16.

Assim, qualquer atitude humana opera, primeiro, no plano mental, como idéia (representação) e energia (vontade). A idéia se exterioriza, graças à vontade, mediante um movimento ou uma inércia, dando origem à conduta.

A conduta, portanto, é sempre composta de dois aspectos, sendo um interno e outro externo. A falta de um ou outro aspecto geram ausência de conduta.

2.2. Ação e omissão

A conduta está na essência do fato típico. *Nullum crimen sine conducta.* Só a conduta humana, porque regida pela razão, pode ajustar-se às normas ou afrontá-las.

Quando o artigo 121 do CP diz "matar alguém", não está mandando matar. Ao contrário, está proibindo o homicídio de forma implícita. A norma é não matar, ou seja, é proibido matar. Trata-se de uma proibição. Essa espécie de norma é chamada *norma proibitiva*.

Por outro lado, o artigo 135, *caput*, do CP diz o seguinte:

Deixar de prestar assistência, quando possível fazê-lo sem risco pessoal, à criança abandonada ou extraviada, ou à pessoa inválida ou ferida, ao desamparo ou em grave e iminente perigo; ou não pedir, nesses casos, o socorro da autoridade pública:

Pena – detenção, de 1 (um) a 6 (seis) meses, ou multa.

Nesse caso, o artigo não está determinando que se deixe alguém ao desamparo. Pelo contrário, está ordenando que se preste auxílio. Ao invés de proibir algo, a norma manda que se faça algo. É uma *norma mandamental* ou *norma preceptiva*.

Viola-se uma norma proibitiva fazendo o que ela proíbe, ou seja, com uma ação. Viola-se uma norma mandamental não fazendo o que ela manda, ou seja, com uma omissão.

Ação e omissão são as formas básicas de conduta. Ou o sujeito é punido pelo que fez, quando não devia fazer (comissão), ou é punido pelo que não fez, quando estava obrigado a fazê-lo (omissão). No homicídio (violação da norma proibitiva "não matar") o indivíduo responde pelo que fez. Na omissão de socorro, o indivíduo responde pelo que não fez (violação da norma mandamental "prestar socorro"). Estamos diante de ações e omissões em sentido próprio. Assim, em sentido próprio – *id quod plerunque accidit* ou segundo a natureza das coisas – uma omissão sempre corresponde a uma norma mandamental, enquanto uma ação sempre corresponde a uma norma proibitiva.

Mas o Direito, às vezes, operando no plano dos valores – *dever ser* –, altera a natureza das coisas. Suponha-se o seguinte exemplo: *uma mãe, desejando matar o filho, deixa de amamentá-lo e a morte se produz por inanição*. É certo que a mãe tem o dever de alimentar o neonato. Em não o fazendo, omite-se. Todavia, contrariando a natureza da omissão, a mãe não responde pelo que não fez. Tal conduta não se ajusta a uma norma mandamental, como ocorre na omissão em sentido próprio. Trata-se, isto sim, de uma forma imprópria de omissão, violadora da norma proibitiva "matar alguém". Ou seja: a mãe, em não fazendo, responde como se fizesse. Surge o chamado *crime omissivo impróprio ou impuro*, também chamado *comissivo por omissão*.

O crime omissivo impróprio decorre da chamada "posição de garante" ocupada pelo agente, o qual, por sua relação com o bem jurídico tutelado, recebe um especial dever de agir para impedir o resultado, sob pena de ser considerado seu causador. Esse especial dever de agir, segundo o artigo 13, § 2º, do Código Penal, incumbe a quem:

a) tenha por lei obrigação de cuidado, proteção ou vigilância: são "garantes" os pais ou responsáveis, assim entendidos os tutores, curadores e guardiões em relação ao incapaz, os carcereiros em relação aos presos, os monitores em relação aos internados, os médicos em relação aos pacientes e, enfim, todos aqueles que tenham a obrigação legal de proteção do bem jurídico tutelado;

b) de outra forma, assumiu a responsabilidade de impedir o resultado: nem só a lei cria a posição de garante. Também o contrato ou a manifestação unilateral de vontade o fazem, como ocorre com a babá ou mesmo a vizinha que, gratuitamente, dispõe-se a cuidar da criança enquanto a mãe desta precisa ausentar-se;[10]

c) com seu comportamento anterior, criou o risco da ocorrência do resultado: denomina-se "ingerência na norma" a situação em que um risco criado culmina por produzir um resultado previsto na norma penal incriminadora. Nesse caso, o causador do risco não pode manter-se inerte em relação ao resultado, sob pena de responder pelo crime comissivo correspondente, e não por simples omissão de socorro. Assim, se o proprietário de um depósito de fogos de artifício, ao receber a notícia de que um incêndio teve início naquele local, permanece inerte e indiferente, sua omissão é considerada imprópria, porque ele incorrerá na norma proibitiva de causar incêndio, art. 250 do CP.[11]

Portanto, o crime omissivo impróprio é o crime do garantidor, ou seja, do indivíduo que se encontra numa das situações do art. 13, § 2º, do CP. Não é suficiente, porém, a posição de garantidor. É necessário o "poder concreto de agir". Se nada o garantidor pode fazer, a omissão é irrelevante.

Se o professor de natação percebe o afogamento do aluno e nada faz, responde pelo afogamento. Também responde se, por desatenção, não percebe o afogamento. Nos dois casos, havia possibilidade concreta de ação. Mas se o professor atrasou-se num engarrafamento, e o aluno, lançando-se à água sem a presença daquele, afogou-se, não se cogita omissão alguma, por ausência do poder concreto de agir.

Um aviso: dizer que alguém praticou um crime comissivo por omissão não significa dizer que agiu com dolo.

---

[10] É corrente o exemplo do guia de alpinismo que se propõe a acompanhar, gratuitamente, a pessoa que o contratou.
[11] Um terceiro que passasse pelo local e se omitisse ao perceber o fogo incipiente incorreria no art. 135 do CP, pois sua omissão seria própria.

Dolo e culpa são categorias distintas e dependerão de exame distinto. Dessarte, um crime omissivo impuro pode decorrer de dolo (professor de natação vê o aluno se afogando e não impede a morte por afogamento, embora pudesse fazê-lo) ou culpa (professor de natação se distrai conversando com uma jovem, enquanto seu aluno se afoga, a poucos metros de distância, sem que ele veja).

Um crime omissivo impuro pode ter, como antecedente, um comportamento comissivo. Ex.: Um homem leva para a casa onde está hospedado alguns frascos de veneno, deixando-os ao alcance das crianças, que resolvem brincar com a substância, enquanto ele as observa, sem nada fazer para impedir o contato, sobrevindo a morte das crianças por intoxicação. No exemplo há dois momentos distintos:

1º) comissivo: o agente deixa o veneno ao alcance das crianças;

2º) omissivo: o agente não impede o contato das crianças com o veneno.

Trata-se de um crime comissivo por omissão. A negligência anterior constitui a "ingerência na norma". A forma dolosa de conduta, embora omissiva, absorve a forma culposa. Nesse caso, não tem lugar o disposto no § 4º do artigo 121 do Código Penal, ou no art. 302, parágrafo único, III, do Código de Trânsito Brasileiro, que estabelece majoração da pena em razão da omissão de socorro. Imagine-se o seguinte: Pedro, advogado criminalista, conduzindo seu automóvel de forma imprudente, atropela João, seu desafeto. Percebendo que atropelou inimigo seu, resolve deixar de prestar socorro à vítima, esperando que esta encontre a morte, julgando que ele responderá, no máximo, por crime culposo com pena majorada, escapando, assim, da punição pela prática de homicídio doloso.

É curial que, se depois do atropelamento, o agente quis ou aceitou a possibilidade da ocorrência da morte, nada fazendo para evitá-la, sua omissão será imprópria, e o agente responderá pelo crime doloso. A majorante, nos casos citados, só é possível quando não há descaracterização da culpa inicial em relação à morte da vítima. A lei é clara ao tratar da omissão em homicídio culposo. Ou seja, configurado o dolo, o panorama é distinto.

2.3. Teorias da conduta

A conduta pode ser definida de diversas formas, segundo a ciência que dela se ocupe. O Direito também busca uma definição que lhe seja própria. A definição de conduta, em direito penal, depende do que se entenda como comportamento capaz de ser considerado penalmente relevante.

Alguns definem a conduta como o movimento corporal voluntário que causa uma modificação do mundo exterior. Trata-se da *teoria causal-naturalista*, que concebe a conduta segundo as leis da causalidade física, sem se importar com juízos de valor acerca dessa conduta. Em conseqüência dessa teoria, surge o conceito clássico de delito como uma lesão ou perigo de lesão a um bem jurídico resultante de uma conduta.

Outros definem a conduta como o comportamento orientado pela finalidade, nesta residindo o interesse jurídico-penal. Às vezes, a finalidade é confundida com "dolosidade" (*Vorsatzlichkeit*).[12] Trata-se, realmente, de confusão. O dolo, como se verá, constitui estrutura em que a finalidade dirige-se a um resultado típico. Mas há finalidade mesmo em hipóteses não dolosas, como ocorre com o carcereiro que, com a finalidade de atender um telefonema urgente, deixa aberta, por distração, a cela do prisioneiro, que vem a fugir. Finalidade mal-orientada, mas não dolosa. Assim, sem desprezar a idéia de causalidade, agrega-se à definição de conduta a idéia de finalidade. A causalidade pertence ao mundo do *ser* (natureza), enquanto a finalidade ao *dever ser* (direito). Essa concepção consubstancia a *teoria finalista*.

---

[12] Aníbal Bruno, *Direito penal*, Rio de Janeiro: Forense, 1967, t.1, p. 304.

Há ainda quem defina ação como uma manifestação de vontade com relevância social, estabelecendo um conceito essencialmente normativo. É a *teoria social*. Típico dessa teoria é adotar dupla função (posição) do dolo na teoria do delito: no tipo e na culpabilidade. Na verdade, não há uma única expressão dessa teoria, cujas raízes estão em Eb. Schmidt, ao definir a ação como fenômeno social,[13] e tem em Claus Roxin um de seus maiores expoentes. Uma das mais recentes manifestações da concepção social é a *teoria da imputação objetiva*, de Günther Jakobs, para a qual, "além da relação de causalidade, é preciso que a ação caracterize a quebra do papel social devido com a frustração da expectativa posta na norma jurídica".[14] (vide *Funcionalismo penal e imputação objetiva*, Capítulo 2, *infra*)

O Brasil adota a *teoria finalista*.

Imaginemos um casal ocidental que acaba de ganhar uma filha. A criança, absolutamente saudável, é conduzida a um profissional que irá perfurar suas orelhas para a colocação de brincos de ouro. Realizada a manobra e colocados os brincos, um típico causalista pensaria: há conduta em razão da causação voluntária do resultado; um típico finalista pensaria: há conduta em razão de que há uma vontade orientada para o resultado; um típico defensor da teoria social de ação pensaria: não há conduta porque não há relevância social na perfuração de orelhas para colocação de um brinco de ouro.

Diferente seria a perfuração do nariz da criança para a colocação de um *piercing*, tão na moda hoje em dia, mas que não admitiria, em se tratando de uma criança recém-nascida, falar em *adequação social*.[15]

---

[13] Cf. Juarez Tavares, in *Teorias do delito*, São Paulo: Editora Revista dos Tribunais, 1980, p. 92.

[14] Fábio Bittencourt da Rosa, *Direito penal*, parte geral, Rio de Janeiro: Impetus, 2003, p. 85.

[15] O finalismo convive, perfeitamente, com o *princípio da adequação social*. Segundo o próprio Welzel:"As ações que se movem dentro do marco das ordens sociais, nunca estão compreendidas dentro dos tipos de delito, nem ainda quando pudessem ser entendidas em um tipo interpretado ao pé da letra; são chamadas ações socialmente adequadas (...) Somente as ações que ultrapassam a adequa-

2.4. Estrutura da conduta

Pelo prisma do finalismo, adotado pelo direito penal brasileiro, a conduta é uma estrutura composta de duas fases, sendo uma interna e outra externa.

A fase externa é a parte perceptível da estrutura, em que há um movimento corporal causador de dano ou de perigo.

A fase interna é, por natureza, insondável, porque estruturada a partir de fenômenos psicológicos insuscetíveis, em regra, de aferição. Ocorre no plano do pensamento do autor, em que este propõe a si mesmo a realização de um fim, sem confundir, porém, com premeditação, já que esta nem sempre está presente. Mesmo no ímpeto, o agente primeiro pensa, depois age. O pensamento configura a cogitação, fase interna e primeira da conduta. Não há conduta sem a prévia ideação, ainda que impetuosa, como se fosse um relâmpago de energia mental, pois tal seria conceber conduta sem fase interna. A fase interna, embora relevante no plano da concepção finalista, é sempre impunível em si mesma: *cogitationis poenan nemo patitur*.

Milhares de fenômenos mentais conhecidos e desconhecidos operam no momento da prática da conduta. Poucos, porém, refletem o interesse do direito penal. De forma reluzente destacam-se, porque estruturais na formação do aspecto interno da conduta, a *vontade* e a *representação*.[16]

Chamamos de representação teatral o que os atores fazem no palco. Sabemos que o personagem principal não morreu e que sua amada não chora sobre um corpo sem vida. Mas não deixamos de nos emocionar com a cena, porque nos parece real, embora seja apenas a repre-

---

ção social são fatos tipicamente ajustados a homicídios, lesões, danos, prejuízos, coações e diversos mais" (*Direito penal*, Campinas: Romana, 2003, p. 106 e 109).

[16] Alguns autores usam, em vez de representação, a expressão consciência, que evitamos para não causar confusão com a consciência da ilicitude, também relevante para o direito penal, mas totalmente diversa, porque se liga aos referenciais éticos individuais.

sentação de algo que poderia ser (e às vezes a história até é) real. É o mesmo que no cinema ocorre, pois tantas vezes um filme nos leva do riso ao pranto sem que nada seja real, embora pareça, não passando de uma representação cinematográfica. A imagem de um maravilhoso poente numa fotografia não é o pôr-do-sol, e sim, a representação fotográfica daquele fenômeno que não existe mais, senão na imagem imortalizada pela tecnologia. Quando vemos uma peça teatral, um filme, uma fotografia, algo acontece também em nosso cérebro. Trazemos para dentro de nosso cérebro o que vemos, de modo que o que acontece fora de nós projeta-se dentro de nós, como a alojar-se na tela do intelecto, tornando-se uma representação intelectual. A imagem da pessoa amada, uma agradável lembrança, a idéia de uma nova obra de arte, tudo isso compõe o que chamamos de representação intelectual.

No plano intelectual, portanto, representação é a posse mental de um objeto ou fenômeno. Em outras palavras, é o conhecimento ordinário de um objeto ou fenômeno. Todos nós temos a capacidade de conhecer o mundo, seus valores e seus fenômenos ordinários. Poucos, certamente, podem conhecer as leis da dinâmica celeste, mas todos os indivíduos maduros e sadios podem conhecer as leis da causalidade física em suas manifestações usuais. Quando digo a alguém que "pense num limão", automaticamente o pensamento desenha a imagem de um limão. Pois bem. O que ocorre se digo "corte o limão e o esprema na boca?". Não é incomum ocorrer alguma salivação, porque apreendemos, por experiência, que o limão tem sabor ácido e, por condicionamento,[17] ocorre salivação. Estamos lidando com nossas estruturas de percepção e cognição, que vão instalar na mente a representação do mundo, suas características e seus fenômenos. Diz-se que é um fenômeno intelec-

---

[17] Segundo a teoria do fisiologista russo Ivan Petrovich Pavlov, tal fenômeno deriva do chamado "reflexo condicionado", expressão empregada pelos fisiólogos para designar respostas musculares e glandulares que foram adquiridas ou aprendidas pelo organismo, sendo que os psicólogos atuais preferem a expressão "resposta" ou "reação condicionada".

tual, pois ocorre no plano do intelecto.[18] Vontade, a seu turno, é a energia capaz de gerar movimento corporal. Após representar uma pintura, por exemplo, a vontade colocará em marcha a movimentação necessária à realização dessa representação. Cogito beber um copo de água e é a vontade que produz os movimentos necessários à satisfação da sede. Mas se tenho preguiça de levantar-me da cama onde me acomodei pesadamente, há representação sem vontade suficiente para ação.

A representação condiciona a vontade e ambas exteriorizam-se. Surge a conduta. No crime ocorre o mesmo. Represento a morte de alguém, por exemplo, mas não tenho vontade suficiente – por piedade – de realizar o homicídio. Não há conduta. Se a vontade está acima dos sentimentos de piedade e põe em marcha a movimentação necessária ao exício, a conduta criminosa, assim exteriorizada, produz seu amargo fruto no terreno da vida social.

Então, se não há representação ou se não há vontade, não há conduta para o direito penal.

2.5. Exclusão da conduta

A falta de vontade conduz à ausência de conduta. É o que ocorre nos *atos reflexos*. Conduzimos um veículo em velocidade adequada e, de repente, um pássaro de grande porte colide com nosso pára-brisa. Instintivamente – por ato reflexo –, viramos bruscamente para a direita e colhemos um ciclista do acostamento, matando-o. Não há conduta, pois o susto é uma reação puramente fisiológica, infensa ao controle da vontade, e inevitável, portanto. O mesmo ocorre na *força maior*: se, na estrada, acabo por matar um ciclista que ia pelo acostamento porque um caminhão, na ânsia de ultrapassagem, colidiu com meu

---

[18] Alguns especialistas chamam a representação de "consciência". Está certo, mas recomendo fugir dessa nomenclatura por razões didáticas, para evitar confusão entre a consciência intelectual e a consciência ética (consciência da ilicitude).

veículo e empurrou-me contra a bicicleta, não havia vontade apta a transpor a força exercida contra mim. Nos *estados de inconsciência* também não se fala em vontade, pois esta não impera em casos de sono, sonambulismo, embriaguez letárgica, etc.[19] Suponhamos que a mãe, encarregada de ministrar dose de remédio ao filho durante a noite, deixa de fazê-lo porque o relógio despertador estragou no meio da noite, e ela não acordou. Tal omissão não constitui conduta em face da inconsciência da mãe.

Não se pode confundir o ato reflexo com o ato em "curto circuito", traduzido numa reação explosiva, em que a vontade participa de modo fugaz, tal como ocorre no homicídio cometido sob o domínio de violenta emoção, logo após injusta provocação da vítima (art. 121, § 1º, do CP). Nesse caso, não há aniquilação da vontade, mas esta se manifesta abalada pela torrente do ímpeto emocional, podendo incidir, se for o caso, hipótese de redução de pena, como no exemplo do homicídio privilegiado. Tanto quanto não se pode desprezar a capacidade do homem de vencer os impulsos, especialmente os apelos emocionais, pois nisso se assenta o paradigma da responsabilidade, também não se ignora a força dos impulsos na formação do agir humano. Há emoções que são estopins da alma, acionando, muitas vezes, as mais desatinadas respostas comportamentais, que geralmente apresentam as seguintes características:

a) *estímulo externo*: o ato em "curto circuito" vem precedido de um fator de estimulação capaz de gerar no indivíduo uma carga emocional crescente;

b) *descarga emocional*: o ato em "curto circuito" corresponde a uma liberação da tensão provocada pelo crescimento cumulativo da carga emocional;

c) *imediatidade entre o estímulo e a descarga*: só se pode imaginar uma ação em "curto circuito" se houver um mínimo lapso temporal entre o estímulo externo e a reação,

---

[19] Os estados de inconsciência são penalmente relevantes quando o agente se tenha colocado voluntariamente nessa situação para delinqüir ou sabendo que poderia fazê-lo, pois se configura a situação da *actio libera in causa*.

pois, se houver um relativo transcurso de tempo, é natural a queda da tensão emocional produzida, de sorte que uma resposta efetivada após algum período de tempo será muito mais refletida do que emocional.

Embora pouco comentado na doutrina, a falta de representação também pode produzir ausência de conduta. Falta-nos representação quando cometemos um erro em relação a alguma circunstância do comportamento. Eis um fato corriqueiro: várias pessoas reúnem-se ao redor de uma mesa, jogando conversa fora e degustando um bom vinho, até que uma delas, num momento de distração, bebe o vinho do cálice que não é o seu. Por distração, errou, ou seja, não representou mentalmente o cálice correto. Trata-se de um defeito cognitivo passageiro e normal, que sequer permite discutir sobre a ausência de conduta porque é um indiferente penal.

Mas nem sempre é assim: quando alguém, ao sair de uma roda de vinho, apropria-se da bolsa alheia, pensando que é a sua, tal defeito de representação assume relevância, porque subtrair coisa alheia móvel é crime de furto (CP, art. 155). Caso se considere que as duas bolsas – do agente e da vítima – eram idênticas e que o erro do agente foi justificado pelas circunstâncias, tal defeito de representação terá o condão de excluir a conduta típica, em face do chamado erro de tipo, que será melhor examinado posteriormente. O agente não tinha representação de estar subtraindo coisa "alheia" móvel; assim, sua vontade não poderia ser de subtrair coisa "alheia" móvel; portanto, há exteriorização sem fase interna. Não há conduta em sentido finalístico, porque, em crime de furto, só interessa a finalidade voltada para a subtração de coisa alheia móvel.

2.6. Funcionalismo penal e imputação objetiva

A imputação objetiva é corolário das concepções sociais de ação, que desprezam a conduta como ente ontológico e desprovido de valor, pois o direito penal pertence ao mundo do "dever ser", enquanto a conduta pertence ao mundo do "ser". Conforme Günther Jakobs:

"Nesse sentido, o conceito de ação não se busca *antes* da sociedade, e sim *dentro* da sociedade. Não é a natureza que ensina o que é a ação, como pretendia a escola de V. Liszt com sua separação do físico e do psíquico, e o conceito de ação tampouco pode se extrair da ontologia, como normalmente se sustenta que Welzel pretendeu demonstrar com seu ponto de partida desde a finalidade do atuar humano, sendo que no âmbito do conceito de ação o decisivo é interpretar a realidade social, torná-la compreensível na medida em que está relacionada com o direito penal".[20]

Em conseqüência, o juízo de imputação não deve ser realizado segundo o critério-natural mecanicista imposto pela noção de causalidade. A imputação deve, isto sim, obedecer a critérios de ordem normativa, extraídos das finalidades do direito penal, que, numa ótica funcionalista, destina-se à estabilização das expectativas que se podem aceitar para o convívio social,[21] em vez de voltar-se à proteção de bens jurídicos, como apregoa a doutrina tradicional. Ou seja, para o funcionalismo, o direito penal serve para preservar a confiança das pessoas na ordem jurídica, sendo esse o legítimo fundamento da pena criminal. Pune-se o infrator para que as pessoas possam continuar confiando no cumprimento das regras pelos demais.

Isso existe porque é impossível o contato social sem riscos. Quanto maiores forem as conquistas sociais no plano dos avanços tecnológicos, maiores tornam-se os riscos. Então, há riscos que são inerentes à vida em sociedade, e que o grupo social deve suportar. Esclarece Günther Jakobs:

"Posto que uma sociedade sem riscos não é possível e que ninguém se propõe seriamente a renunciar à sociedade, uma garantia normativa que implique a total

---

[20] *Fundamentos do direito penal*, São Paulo: Revista dos Tribunais, 2003, p. 45.
[21] GALVÃO, Fernando, *Imputação objetiva*, 2. ed., Belo Horizonte: Mandamentos, 2002, p. 24.

ausência de riscos não é factível; pelo contrário, o risco inerente à configuração social deve ser irremediavelmente tolerado como *risco permitido*".[22]

Assim, a sociedade precisa estabelecer uma margem de risco aceitável (permitido), como as inerentes ao vôo de aeronaves, e sedimentar a confiança de que as pessoas irão comportar-se dentro dessa margem. Essa confiança é imprescindível, especialmente diante dos chamados "contatos anônimos". Destarte, não conhecemos o piloto da aeronave em que embarcamos, mas confiamos que ele não irá correr riscos além dos que são inerentes ao vôo em si.

Então, à luz da imputação objetiva, não basta que um indivíduo, com seu comportamento, tenha dado causa ao resultado. É preciso verificar se ele atuou dentro ou fora do chamado *risco permitido*. Não há imputação quando o agente tiver atuado dentro das margens do risco permitido, pois *o risco permitido exclui o tipo*.[23] Todavia, se o agente deu causa ao resultado por exceder os limites do risco tolerado socialmente, restará configurada a imputação, e ele responderá pelo resultado, por ter frustrado as expectativas sociais quanto aos limites do risco.

O professor Damásio Evangelista de Jesus[24] sintetiza os princípios da imputação objetiva:

1º) Não há imputação objetiva da conduta ou do resultado quando o sujeito não criou risco juridicamente reprovável e relevante.

2º) Não há imputação objetiva do resultado quando o sujeito age com o fim de diminuir o risco de maior dano ao bem jurídico.

3º) Existe imputação objetiva quando a conduta do sujeito aumenta o risco já existente ou ultrapassa os limites do risco juridicamente tolerado.

---

[22] *A imputação objetiva no direito penal*, São Paulo: Revista dos Tribunais, 2000, p. 35.
[23] JAKOBS, Günter, *A imputação objetiva no direito penal*, op. cit., p. 52.
[24] *Imputação objetiva*, 2. ed., São Paulo: Saraiva, 2002.

4º) Não há imputação objetiva quando o resultado produzido não corresponde à realização do perigo juridicamente desaprovado criado pela conduta.

5º) Não há imputação objetiva quando o alcance do tipo incriminador não abrange o gênero de risco criado pelo sujeito nem os resultados ou as conseqüências dele advindos (âmbito do tipo).

6º) Não há imputação objetiva quando o resultado é produzido em face das condições pessoais particulares da vítima que o autor desconhece.

Como se percebe, "imputação objetiva" nada tem a ver com "responsabilidade objetiva". Trata-se de uma teoria que limita o juízo de imputação, reduzindo o alcance do nexo de causalidade. A expressão *objetiva* significa que independe, a imputação, da subjetividade do agente, pois tal juízo se alicerça numa análise das circunstâncias objetivas que envolvem a conduta e a produção do resultado. A imputação objetiva divide-se em dois aspectos: *a) imputação objetiva do comportamento; b) imputação objetiva do resultado.*

A imputação objetiva do comportamento deriva da constatação de que a conduta extrapolou os padrões do risco permitido, o que implica o reconhecimento de três situações *excludentes da tipicidade objetiva:*

a) risco permitido: é o risco tolerado socialmente;

b) *proibição de regresso:* é a impossibilidade de se imputar um resultado a quem dele participou, realizando uma ação aceita pela ordem jurídica, como o caso do fabricante da arma de fogo utilizada no homicídio;

c) *responsabilidade da vítima:* não se pode imputar a morte ao motorista que atropela a vítima, embora haja causalidade, se ela se lançou diante do veículo, sem que o condutor nada pudesse fazer.

A imputação objetiva do resultado implica saber se o resultado deriva, efetivamente, do risco criado pelo autor. A imprecisão desse aspecto da imputação objetiva é denunciada por Pedro Krebs:

"A discussão central desse padrão de imputação objetiva reside na sua hipertrofia, ou seja, muitos dos casos referidos como problemas de imputação objetiva de resultado deveriam ser solucionados como imputação objetiva de comportamento".[25]

A imputação objetiva é uma teoria inacabada, que procura, como tantas outras, transpor as dificuldades enfrentadas pelo direito penal de matriz finalista. Não se ignora a riqueza teórica dessa teoria, a qual está longe, todavia, de dar respostas definitivas aos problemas do crime e da pena, em que pese seu avanço em países como Espanha e Portugal, além, é claro, do seu berço, a própria Alemanha.

Dado que uma sociedade não pode ser vista como a tábua de experiência para caprichos teóricos, há muito a ser feito por essa promissora teoria até que possamos confiar-lhe os angustiantes problemas criminais da nossa sociedade, que amarga duras perdas cotidianas e experimenta um dos mais avassaladores índices de criminalidade registrados na sua história. Esse ponto de vista repousa na fragilidade do próprio conceito de risco permitido, um dos alicerces da teoria da imputação objetiva, conforme demonstra Claus Roxin:

"O conceito de risco permitido se utiliza em múltiplos contextos, mas sobre seu significado e posição sistemática reina a mais absoluta falta de clareza".[26]

2.7. Jurisprudência

1. Relevância da omissão: "A presença física do anestesiologista integrante da equipe cirúrgica é obrigatória no pós-operatório enquanto o paciente não apresentar condições estáveis, especialmente quando lhe foram ministradas drogas depressoras do sistema nervoso central. Age

---

[25] *Teoria jurídica do delito*, Barueri, São Paulo: Manole, 2004, p. 136.
[26] *Derecho penal*, parte general, t. 1., Madrid: Editorial Civitas, p. 371.

com negligência e responde por omissão o anestesiologista que executa a entubação e deixa o paciente entregue a simples atendente de enfermagem, recomendando a manutenção de máscara ligada ao oxigênio, pois essa última providência já mostrava que a respiração não estava perfeitamente normalizada, sendo irrelevante que em sala próxima existissem pessoas teoricamente capazes de prestar atendimento, pois a intervenção pessoal é um dever indelegável do 'garante'" (TARGS – AC – Rel. Fernando Mottola – RT 704/382).

2. Relevância da omissão: "No crime comissivo por omissão tem-se a *evitação* que *equivale* (=), *sem ser sinônimo* (=), à causação dos crimes comissivos. Se há suporte fático nos autos de que a médica especializada, plantonista, preferiu agir de forma diversa, não comparecendo ao local em que deveria estar para, em evento previsível, agir no sentido de impedir o resultado lesivo, então, a justa causa, para a ação penal, existe e a pretensão punitiva deve ser apreciada, posteriormente, no *judicium causae*. *Writ indeferido*" (STJ – RHC 7153/SP – 5ª Turma, Rel. Min. Felix Fischer, DJU 13.10.98, p. 139).

Capítulo 3

DOLO E CULPA

3.1. Dolo

Conforme ficou assentado, não existe conduta sem vontade e representação. Se a vontade e a representação estão dirigidas, direta ou indiretamente, para a realização da realidade descrita no tipo penal, diz-se que o crime é doloso. Todavia, se a representação e a vontade estão dirigidas para uma realidade estranha ao resultado típico, mas este acontece por emprego inadequado dos meios de realização do comportamento, tem-se um crime culposo. Em outras palavras, nos crimes dolosos, vontade e representação estão direcionadas para o crime; nos crimes culposos, vontade e representação não estão direcionadas para a prática do crime. De modo grosseiro, pode-se dizer que a finalidade é diferente conforme se trate de dolo e culpa, porque na culpa existe uma finalidade malconduzida, enquanto no dolo existe uma finalidade conduzida para o mal.

Dolo é, portanto – conforme Nélson Hungria – ao mesmo tempo, vontade e representação.[27]

Dessarte, em não havendo vontade e representação em relação ao crime, poderá haver crime culposo ou crime nenhum. Dolo, jamais.

---

[27] *Comentários ao código penal*, v. 1, Rio de Janeiro: Forense, 1953, p. 109 e 110.

Chama-se dolo direto aquele no qual a finalidade identifica-se perfeitamente com o crime. Chama-se dolo eventual aquele no qual o fim está direcionado a um resultado que abrange o crime como elemento provável. No dolo direto, o agente quer o crime; no dolo eventual, o agente não se importa em realizar o crime para atingir sua finalidade. Costuma-se dizer que no dolo direto o agente *quer o resultado*, enquanto no dolo eventual o agente *assume o risco* de produzir o resultado. Segundo o artigo 18 do Código Penal, diz-se o crime: *doloso, quando o agente quis o resultado ou assumiu o risco de produzi-lo.*[28]

Não se pode confundir dolo eventual com o chamado *dolo direto de segundo grau*. No dolo eventual o crime é algo provável, ao passo que no *dolo direto de segundo grau* o crime é inerente ao comportamento. Ex.: Há dolo eventual quando o agente, para testar uma arma, atira a esmo em região habitada, sendo provável que irá atingir alguém. Há dolo direto de segundo grau quando o agente instala um artefato explosivo num trem para matar uma pessoa, sendo inerente ao comportamento a morte de outras pessoas. Por isso, o *dolo direto de segundo grau*, conforme esclarece César Roberto Bitencourt, é também chamado *dolo de conseqüências necessárias.*[29]

Percebe-se, portanto, que há duas espécies de dolo direto: dolo direto de primeiro grau (em que a finalidade coincide com o crime) e dolo direto de segundo grau (em que a finalidade coincide com um crime que tem conseqüências necessárias também criminosas), o qual não se confunde com dolo eventual, em que o resultado é simplesmente provável.

Há inúmeras outras classificações não essenciais de dolo, a saber:

---

[28] Conforme se verá no Capítulo 9, a fórmula legal pouco ajuda na compreensão do dolo eventual, que traduz, também, uma manifestação do querer, pois, conforme Beling, "não só está em dolo quem diretamente quis o resultado, mas também quem *não não o quis*" (*Apud* Sebastián Soler, *Derecho penal argentino*, vol. 2, Buenos Aires: Tipográfica Editora Argentina, 1992, p. 128).

[29] *Manual de direito penal*: parte geral, v. 1, São Paulo: Saraiva, 2000, p. 210.

a) dolo de dano: dolo de produzir uma lesão efetiva a um bem jurídico (CP, arts. 121, 155, etc.);

b) dolo de perigo: mera vontade de expor o bem a um perigo de lesão (CP, arts. 132, 133, etc.);

c) dolo específico:[30] partícula subjetiva que envolve um elemento psicológico especial previsto no tipo, como o fim libidinoso, por exemplo (CP, art. 219);

d) dolo normativo: espécie de dolo, concebida pela teoria psicológico-normativa da culpabilidade, que contém a *consciência potencial da ilicitude;*

e) dolo natural: dolo sem o elemento de ordem normativa (potencial consciência da ilicitude), composto apenas por vontade e representação, que são essencialmente naturais, conforme adotado pela concepção normativa pura de culpabilidade e pelo finalismo;

f) dolo alternativo: tipo de dolo direto que busca um ou outro resultado possível, satisfazendo-se com qualquer um deles, como por exemplo, matar ou ferir;

g) dolo de ímpeto: é o que se verifica nas atitudes impulsivas, geralmente seguidas de arrependimento por parte do agente;

i) dolo genérico: dolo sem vontade especial ou o contrário de dolo específico;

j) dolo geral, erro sucessivo ou *aberratio causae*: ocorre quando o agente, supondo ter consumado o delito, produz um segundo comportamento que vem, agora sim, a causar o crime. Ex.: pensando ter exterminado, a tiros, seu desafeto, o criminoso joga-o no rio, sobrevindo a morte não pelos disparos, mas por afogamento.

O dolo, portanto, é elemento inerente ao comportamento. Diferentemente ocorre com a culpa, que não integra o comportamento, constituindo, isto sim, juízo de valor sobre o comportamento. Não constitui, portanto, elemento psicológico, como o dolo, e sim, elemento normativo, por-

---

[30] Discute-se a existência do chamado "dolo específico". Hoje em dia, costuma-se adotar a expressão *elementos subjetivos do tipo penal* (Capítulo 7).

que demanda juízo de valor. Eis a razão por que, nos tipos penais dolosos, não consta a expressão *dolo*. Todavia, nos tipos culposos, a expressão *culpa* ou similar (culposo, culposamente) aparece textualmente. Compare-se, a propósito, o *caput* e o § 3º do artigo 121 do CP.

3.2. Culpa

É mister distinguir culpa *lato sensu* e culpa *stricto sensu*. A primeira significa culpabilidade, reprovação, censura, enquanto a segunda – culpa em sentido estrito – é elemento normativo do tipo penal, consistente na imprudência, na negligência ou na imperícia, havendo uma tendência atual de utilização da expressão *imprudência* para designar a culpa em sentido estrito, como enfatizam Santiago Mir Puig[31] e Juarez Cirino dos Santos, para quem *os crimes cometidos por imprudência constituem, do ponto de vista da definição legal, exceções à regra da criminalidade dolosa, aparecendo na lei penal como hipóteses de menor significação: se o homicídio é culposo (art. 121, § 3º), se a lesão corporal é culposa (art. 129, § 6º) etc.*[32]

Diferentemente do dolo, a culpa não constitui um vínculo subjetivo do agente com o fato. Na culpa, o resultado não ingressa na subjetividade do agente, salvo na forma extraordinária de culpa, chamada culpa consciente ou com previsão (Capítulo 9, *infra*). Essa constatação identifica-se com o sistema finalista, que concebe a culpa como um juízo de valor, um dado normativo, baseado na violação de um dever: *dever objetivo de cuidado*.

Todos os seres humanos, desde os primórdios, descobriram a importância do convívio social. O comportamento gregário foi fundamental à preservação da espécie, por tornar mais fácil o abate da caça, a morte do animal feroz,

---

[31] Ver Pedro Krebs, *Teoria jurídica do delito*, Barueri, São Paulo: Manole, 2004, p. 183.
[32] *A Moderna teoria do fato punível*, Rio de Janeiro, Freitas Bastos, 2002, p. 97.

o domínio do meio ambiente, etc. Portanto, a vida em sociedade tem um fundamento claro, que é o de os seres humanos cuidarem uns aos outros. A violação do dever de cuidado traz prejuízo ao grupo social.

Essa idéia sobrevive em nossos dias, em que pese a massificação dos grupos humanos modernos.[33] Assim, cada um é responsável pelo outro. Esse dever é chamado *dever de cuidado objetivo* (*obligatio diligentiam*). Diz-se *objetivo* porque toma como padrão o comportamento médio dos seres humanos em geral e se funda na idéia de *previsibilidade objetiva,* pois só se pode observar cuidado em relação a eventos previsíveis.

Previsibilidade é a possibilidade de previsão do resultado. Não se confunde com previsão, pois nesta há, efetivamente, contato intelectual (representação) do agente com o fato. Com efeito, previsibilidade é possibilidade da representação; previsão é a representação efetiva. Na previsibilidade, o agente não prevê o que poderia ter previsto. Diz-se objetiva a previsibilidade por levar em conta o homem médio. Se considerasse a capacidade concreta do agente de prever, estaríamos tratando de previsibilidade subjetiva, cujos reflexos dizem com a culpabilidade.

Conforme lição de Juarez Cirino dos Santos, os tipos dessa natureza *são tipos abertos, que devem ser preenchidos ou completados por uma valoração judicial e, por isso, não apresentam o mesmo rigor de definição legal dos tipos dolosos.*[34] Portanto, toda e qualquer violação do dever de cuidado objetivo que causa um resultado dá origem ao crime culposo, se previsto em lei. Isso explica a inexistência de participação em crime culposo, apenas co-autoria.[35]

Pode-se violar o dever de cuidado objetivo por negligência, imprudência ou imperícia (CP, art. 18, II).[36]

---

[33] Não é gratuita a penalização do crime de omissão de socorro (CP, art. 135), que estabelece um dever geral de assistência.
[34] A moderna teoria do fato punível, *op. cit.*, p. 99.
[35] Cf. Hans Welzel: "Toda forma de co-causalidade evitável é autoria culposa. Dado isso, não há participação no âmbito dos delitos culposos, pois também ela seria co-causa evitável, e, por isso, autoria culposa" (*Direito Penal*, p. 157).
[36] Art. 18. Diz-se o crime: I – (...); II – culposo, quando o agente deu causa ao resultado por imprudência, negligência ou imperícia.

Negligência e imperícia são conceitos próximos, devendo ser compreendidos a partir da idéia de risco permitido ou tolerado, ou seja, aquele tipo de atividade que, embora perigosa, recebe o aval da sociedade, que se beneficia do avanço tecnológico, na esteira do pensamento de Günter Jacobs:

> "Posto que uma sociedade sem riscos não é possível e que ninguém se propõe seriamente a enunciar à sociedade, uma garantia normativa a que implique a total ausência de riscos não é factível; pelo contrário, o risco inerente à configuração social deve ser irremediavelmente tolerado como risco permitido".[37]

A negligência caracteriza-se pela passividade diante do perigo existente, um relaxamento da atenção relativamente ao perigo, enquanto a imprudência traduz a conduta que ultrapassa os limites médios de segurança relativos a determinada atividade. Assim, dirigir um automóvel é naturalmente perigoso, constituindo uma espécie de risco permitido. Todavia, se o agente o faz com um livro sobre o colo, falando ao telefone celular, ou olhando as mulheres que passam, relaxa indevidamente a atenção em sua atividade perigosa. Se, porém, o agente dirige o automóvel em velocidade acima dos limites de segurança, está ultrapassando os índices seguros de velocidade, agindo, no mínimo, com imprudência.[38]

Diversa é a situação de imperícia. Consoante Aníbal Bruno:

> "A imperícia consiste na falta de aptidão técnica, teórica ou prática, para o exercício de uma profissão. Imperito é o médico responsável pela morte do seu paciente em conseqüência de uma intervenção cirúrgica que ele empreende sem perfeito domínio de uma técnica, ou que ocasiona, operando, lesão a um elemento nobre por falta dos necessários conhecimentos anatômicos. Na

---

[37] *A imputação objetiva no direito penal*. Tradução de André Luiz Callegari, São Paulo: Revista dos Tribunais, 2000, p. 35.

[38] Dizemos *no mínimo com imprudência* porque não descartamos a hipótese de dolo eventual, como se verá no Capítulo 9.

imperícia também há uma falta de diligência que impediu o agente de adquirir aptidão necessária ao exercício da sua atividade".[39]

Não se confunde imperícia com a violação de norma técnica de profissão, arte ou ofício, pois nesta o agente conhece o procedimento adequado e não o utiliza, configurando-se forma especial de negligência ou imprudência, podendo restar configurada hipótese de aumento de pena (CP, arts. 121, § 4º, primeira parte; art. 129, § 7º). Ex.: cirurgião especializado que, em virtude de pressa, não calça as luvas. O próprio Aníbal Bruno adverte que não se confunde imperícia com a negligência ou imprudência que o profissional possa cometer no exercício das suas atividades.[40]

Seja como for, não se pense que o crime culposo não traduz um comportamento composto de finalidade. Conforme esclarece Francisco de Assis Toledo, "a diferença está na estruturação do tipo: no doloso, pune-se a ação ou omissão dirigida ao fim ilícito; no culposo, o que se pune é o comportamento mal dirigido para o fim lícito".[41]

Figura esdrúxula no sistema penal constitui a chamada culpa imprópria, que constitui, na verdade, um crime doloso equiparado a um crime culposo,[42] recebendo a pena deste, conforme art. 20, § 1º, última parte, do Código Penal (Capítulo 8, *infra*). Por não se tratar de um autêntico delito culposo, e sim de um crime doloso, assume todas as características deste, ressalvado o apenamento. Assim, a culpa imprópria admite as figuras da *participação* e da *tentativa*, ao contrário da culpa em sentido próprio, que é incompatível com a tentativa e só admite co-autoria, como já dito alhures.

---

[39] *Direito penal*, tomo 2, Rio de Janeiro: Forense, 1967 p. 88.
[40] *Op. cit.*, p. 89.
[41] *Princípios básicos de direito penal*, 5. ed., São Paulo: Saraiva, 1994, p. 293.
[42] Conforme Damásio Evangelista de Jesus: "Na culpa imprópria, também denominada culpa por extensão, assimilação ou equiparação, o resultado é previsto e querido pelo agente, que labora em erro de tipo inescusável ou vencível. A denominação é incorreta, uma vez que na chamada culpa imprópria temos, na verdade, um crime doloso a que o legislador aplica a pena do crime culposo" (*In: Direito Penal*, v. 1, 15. ed., São Paulo: Saraiva, 1991, 259).

A culpa em sentido próprio (negligência, imprudência ou imperícia) costuma ser classificada nos seguintes termos:

a) culpa inconsciente: forma ordinária de culpa, em que não há previsão do resultado;

b) culpa consciente, com previsão ou com representação: forma extraordinária de culpa, em que o agente prevê o resultado, mas não o quer nem assume o risco de produzi-lo, confiando na não ocorrência do resultado previsto (Capítulo 9, *infra*).

3.3. Excepcionalidade do crime culposo

No direito penal finalista impera, como critério de punibilidade, *o desvalor da intenção*.[43] Por conseguinte, o direito penal toma por regra o dolo, considerando o desvalor da vontade e da representação voltadas para o resultado. Ausente a intenção de produzir o resultado, pode surgir uma preocupação excepcional com o mesmo, em face da natureza do bem jurídico protegido, desprezando-se a intenção. É quando tem lugar o crime culposo, em que não se pune representação e vontade voltadas para a lesão ao bem jurídico, mas a lesão do bem jurídico em razão de uma inadequada orientação finalística da conduta, por inobservância do dever objetivo de cuidado.

Com efeito, a culpa é forma excepcional de comportamento. Tanto quanto não se faz o bem sem a finalidade de praticá-lo, também não se pratica o mal sem finalidade de fazê-lo. Assim, quem auxilia um mendigo o faz intencionalmente; quem o lesiona também o faz intencionalmente. Esta é a natureza do comportamento, numa concepção *id quod plerunque accidit*. Tanto quanto não se pode presumir a imbecilidade, também não se pode presumir a ausência de domínio do indivíduo sobre seus atos.

---

[43] Sob o enfoque do resultado, exclusivamente, o desvalor de uma conduta é idêntico, quer se trate de crime doloso ou culposo. Com efeito, a eliminação de um ser humano, por exemplo, é um resultado com desvalor equivalente nos homicídios dolosos ou culposos. Vale dizer, a perda é a mesma.

Por isso, a culpa surge como forma excepcional de conduta e exige, portanto, que se faça um juízo de valor sobre as circunstâncias, para que se possa verificar se o comportamento é culposo. Claro, a análise das circunstâncias é essencial tanto ao dolo quanto à culpa. É pela exteriorização do comportamento que se compreende sua estrutura interna, pois os seres humanos projetam na realidade suas idéias e pensamentos. Assim ocorre com o crime. Se um indivíduo desfere quatro tiros em alguém, tal exteriorização patenteia a subjetividade homicida. Se houver um único disparo, também. Neste caso, porém, as circunstâncias poderão, *excepcionalmente*, indicar a ausência de vontade e representação voltadas para o homicídio. Indagar-se-á a excepcionalidade do comportamento que mata sem querer ou assumir o risco de matar. Poderá surgir algo excepcional, portanto: a culpa.

É o que se extrai da leitura do § 3º do art. 129 do CP:

Art. 129 – Ofender a integridade corporal ou a saúde de outrem:
Pena – detenção, de 3 (três) meses a 1 (um) ano.
(...)
§ 3º – Se resulta morte e as circunstâncias evidenciam que o agente não quis o resultado, nem assumiu o risco de produzi-lo:
Pena – reclusão, de 4 (quatro) a 12 (doze) anos.

Observe-se o que diz o art. 121, *caput*, do CP:
Matar alguém.

Compare-se com o artigo 121, § 3º, que diz:
Se o homicídio é culposo.

Note-se que, em se tratando de culpa, há expressa menção no tipo. Quando o crime é doloso, o tipo não faz alusão ao dolo. Afinal, o que isto significa? Simples: a lei presume o dolo da conduta. A propósito, diz o artigo 18 do CP:

Parágrafo único – Salvo os casos expressos em lei, ninguém pode ser punido por fato previsto como crime, senão quando o pratica dolosamente.

O dolo é a regra porque, nem para o bem, nem para o mal, pode-se conceber um fazer sem representação e vontade de fazê-lo, salvo excepcionalmente. Se alguém ajuda um cego a atravessar a rua, é certo que o faz com representação e vontade de fazê-lo; se o abandona no meio da travessia, idem. Ninguém cogitará, no segundo exemplo, que o agente agiu sem representação ou sem vontade de abandonar o cego ao perigo, pois não é essa a lógica do comportamento humano.

Essa incontestável lógica comportamental, acima exposta, não pode ser subvertida pela ciência jurídica. Assim, o que os juristas chamam de dolo nada mais é do que o *nomen iuris* de uma complexa estrutura subjetiva composta de um elemento intelectual (representação de conduta e resultado) e vontade (energia anímica apta à produção do resultado).

3.4. Jurisprudência

1. Excepcionalidade do crime culposo: "A regra geral é a punibilidade a título de dolo, e a exceção é a punibilidade a título de culpa. É princípio de direito penal fundamental aplicável ao direito penal complementar, se este não dispõe de outro modo" (STF – RHC – Rel. Antônio Neder – JUTACRIM 69/543).

2. Natureza do crime culposo: "O crime culposo advém de descumprimento da *obligatio ad diligentiam,* isto é, da não observância da medida de direção finalista imposta na vida social para evitar lesões de bens jurídicos. Todavia, essa *obligatio ad diligentiam* esta confinada nos limites do que é razoavelmente previsível. Não descumpre, assim, esse dever de diligência objetiva quem devesse empregar excepcional atenção para poder prever e evitar o dano resultante de sua conduta. Não há confundir o dever de prever com o poder de previsão, este só exigível de criaturas de aptidões extra-sensoriais. A não se interpretar com certa flexibilidade o critério da previsibilidade informadora da culpa em sentido estrito, jamais acusado algum se livraria da sanção, pois dele se poderá sempre exigir, teoricamente, redobrada cautela com desprezo à realidade, visto que todo acidente é, em última análise, previsível" (TACRIM-SP – AC – Rel. Carlos Roberto – RT 606/337).

Capítulo 4

TEORIAS DO DOLO

4.1. Teoria da vontade

Segundo essa teoria, o dolo é concebido como vontade dirigida ao resultado, não bastando a mera representação ou conhecimento do fato.

Na verdade, há diversas concepções que se abrigam sobre a teoria da vontade. Todas as tendências que enfatizam o aspecto volitivo, em detrimento do aspecto cognitivo do dolo, podem ser consideradas teorias da vontade.

4.2. Teoria da representação

Também chamada teoria da *possibilidade*, distingue-se da teoria da vontade porque enfatiza o elemento intelectual, ou seja, a representação (cognição ou consciência). Assim, afirma-se o dolo quando o agente prevê o resultado como certo, provável ou possível (representação subjetiva).

Esta teoria desenvolveu-se no pós-guerra por Schröeder e, posteriormente, por Schmidhäuser, apoiando-se na idéia de que a simples representação pode fazer o agente deixar de atuar.

Em conseqüência, a teoria da representação recusa a distinção tradicional entre dolo eventual e culpa consciente, pois se deve distinguir dolo e culpa como conhecimento e desconhecimento, respectivamente.

4.3. Teoria do consentimento

Na teoria do consentimento ou da assunção, não basta que o agente tenha previsto o resultado, sendo necessário que consinta na sua produção. Constitui a vertente mais expressiva da *teoria da vontade*.

Segundo essa teoria, portanto, o agente aceita, tolera, admite a produção do resultado por ele previsto.

A ênfase, nesse caso, permanece no elemento volitivo, pois não basta a representação, sendo indispensável que o agente queira (volição) agir, apesar do resultado e conformando-se com ele.

4.4. Teoria da probabilidade

Segundo esta teoria, só há dolo quando o agente entende o fato como provável, e não apenas possível.

Prepondera o elemento intelectual, porque se identifica com a cognição do agente quanto à probabilidade da ocorrência do resultado.

4.5. Teoria do risco

Esta teoria afirma a existência do dolo quando o agente tem conhecimento de estar produzindo um risco indevido (tipificado) na realização de um comportamento ilícito.

Novamente, há ênfase no elemento intelectual, no sentido de que o agente conheça o risco da sua conduta.

4.6. Teoria do perigo desprotegido

Para esta teoria, existe dolo (eventual) quando o agente deixa o bem jurídico à mercê dos fatores sorte e azar, ainda que confie na não-ocorrência do resultado, como ocorre na prática de roleta russa.

Essa teoria enfatiza a representação do agente, desprezando o elemento volitivo.

4.7. Teoria da indiferença

Esta teoria tenta distinguir dolo eventual e culpa consciente a partir do elevado grau de indiferença do agente em relação ao bem jurídico.

O destaque está no elemento volitivo, no sentido de que, apesar da previsão do resultado lesivo, a vontade se mobiliza finalisticamente sem o necessário respeito ao bem jurídico tutelado.

4.8. Teoria da evitabilidade

Para essa teoria, existe dolo quando a vontade do agente estiver orientada no sentido de não evitar o resultado.

Cuida-se, pois, de teoria que privilegia o elemento volitivo, já que não se satisfaz com a mera previsão do resultado, exigindo que a vontade do agente esteja finalisticamente voltada à sua não-evitação.

4.9. Síntese teórica

A orientação moderna centra a identificação do dolo no aspecto volitivo (vontade), rechaçando a idéia de que baste a representação intelectual.

É a vontade do agente, portanto, que deve prevalecer na compreensão do dolo, no sentido de que não só está em dolo quem quer, mas quem "não não quer", consoante a síntese de Beling, citado por Sebastián Soler.[44]

---

[44] *Derecho penal argentino*, vol. 2, Buenos Aires: Tipográfica Editora Argentina, 1992, p. 128.

Assim, é nas teorias que enfatizam o aspecto volitivo que se devem buscar as respostas para os problemas afetos ao dolo. Há certo consenso entre os autores no sentido de que "o Código Penal brasileiro agasalhou a teoria da vontade (*dolo direto*) e a teoria do consentimento (*dolo eventual*)".[45] Como visto, a teoria do consentimento nada mais é do que uma expressão da teoria da vontade, pois ambas centram a idéia de dolo no aspecto volitivo e não no aspecto intelectual.

Acreditamos, porém, que a fórmula de dolo eventual adotada pelo direito penal pátrio – assumir o risco de produzir o resultado (CP, art. 18, I, *fine*) – não permite uma constatação hermética nesse sentido.

Dada a natureza subjetiva do fenômeno volitivo e a complexidade inerente à sua transposição ao plano dos embates judiciários, é de todo recomendável o auxílio das demais teorias, aprimorando-se qualquer discussão e conclusão em torno de tão intrincado fenômeno da subjetividade humana.[46]

4.10. Jurisprudência

1. Teoria consentimento: "Não configura o dolo eventual, mas culpa – quiçá consciente – a ativação da *offendicula* na qual sequer se insinua que o agente a teria efetivado ainda quando previsse o evento morte como certo

---

[45] Cf. PRADO, Luiz Régis, *Curso de direito penal brasileiro*, volume 1, parte geral, 3. ed. ver., atual. e ampl., São Paulo: Revista dos Tribunais, 2002, p. 296.

[46] De qualquer sorte, a "aprovação" do resultado pelo agente é incapaz de conter satisfatória definição do dolo, ainda que na modalidade eventual. É certo que um médico, ao executar uma cirurgia arriscada para salvar a vida do paciente, não aprova o resultado morte, mas se esta advém, o dolo não pode ser afastado, resolvendo-se a questão na exclusão da ilicitude, e não no dolo. Consoante Claus Roxin: "Em segundo lugar e sobretudo, esta concepção passa por alto a consideração de que o sentido dos tipos dolosos é evitar lesões calculadas a bens jurídicos, independentemente da atitude emocional com que sejam cometidas. O fato de que alguém aprove o resultado por tê-lo incluído em seus cálculos, o trate com indiferença ou inclusive o lamente é importante para a medição da pena, mas não pode influir no caráter doloso do fato" (*op. cit.*, p. 431).

e não só como provável (Franck)" (Supremo Tribunal Federal – HC 75666/BA – 1ª Turma, Rel. Min. Sepúlveda Pertence, DJU 06.02.98).

2. Teoria consentimento: "Na hipótese de dolo eventual não é suficiente que o agente tenha se conduzido de maneira a assumir o risco de produzir o resultado: exige-se, mais, que ele tenha consentido no resultado" (TJSP – Rec. – Rel. Hélio Arruda – RT 607/274).

Capítulo 5

ESTRUTURA DO DOLO

5.1. Panorama evolutivo

Moniz Sodré descreve que "Xerxes mandou açoitar o mar a fim de castigá-lo e puni-lo pelo mal que lhe fez, destruindo a formidável esquadra com que sonhava suplantar a altiva independência dos gregos". Em nota, acrescenta, citando Hamon, que "em 1896, em Falaise, uma porca foi enforcada pelo carrasco por ter comido o rosto de uma criança. Em 1474, em Kalemberg, um galo foi judicialmente queimado por ter posto um ovo, que foi conjuntamente lançado na fogueira. Em 1552, o juiz do cabido de Chartes condenou ao enforcamento um porco acusado de ter matado uma jovem. Em 1617, em Hedé, queimou-se solenemente uma jumenta com o indivíduo que com ela cometera o crime de bestialidade. No fim do século XVII, na Bretanha, muitos cadáveres foram condenados ao enforcamento ou à exposição". E – arremata o citado autor – porque a "humanidade na infância é como a infância na humanidade", os homens de outras eras procediam como a criança de hoje que bate no pau que a magoa ou nos objetos que a ferem.[47]

Essa responsabilidade objetiva estava associada às teorias absolutistas ou espiritualistas da pena. A pena era vista como reprovação moral. Punia-se o mal pelo mal: *punitur qui peccatum est*.

---

[47] *As três escolas penais*, Rio de Janeiro: Freitas Bastos, 1963, p. 298.

Com o surgimento das concepções utilitárias ou relativas, e nisso emergiu fundamental o pensamento de Beccaria, à pena se passou a reclamar um fim útil, de prevenção dos crimes. Para que tivesse a pena o fim de prevenção, era preciso que se voltasse contra condutas que o homem pudesse evitar. Então a evitabilidade passou a ser a tônica. Punia-se o homem por não evitar o mal que era evitável. Nascia, nesse contexto, o princípio *nulla poena sine culpa*.

Assim surgiu a noção de culpabilidade subjetiva, ou *teoria psicológica da culpabilidade*, pela qual a punição depende de um vínculo subjetivo entre o autor e o fato, não bastando a simples causação de um resultado. Essa teoria expressa a superação da responsabilidade objetiva de outros tempos. Segundo ela, dolo e culpa são espécies da culpabilidade, cujo pressuposto é a imputabilidade do agente. O dolo (assim como a culpa), portanto, nasce dentro da estrutura da culpabilidade, como um liame psicológico que vincula o autor ao fato criminoso.

O erro é tratado segundo a dicotomia erro de fato/erro de direito, dos romanos. Segue-se que *error iuris nocet*, ou seja, o erro de direito nunca é escusável, ao contrário do erro de fato, que é escusável, exceção feita ao erro de direito extrapenal, porque equiparado ao erro de fato. O erro de fato exclui o dolo.[48]

Em seguida, a culpabilidade evoluiu para a *teoria psicológico-normativa*. Essa concepção apareceu, primeiramente, na jurisprudência da Corte Alemã, em 1897. O dono de carruagens de aluguel determinou ao seu empregado que prendesse um cavalo bravio a um dos carros e saísse para prestar o serviço diário. O empregado negou-se

---

[48] A denominação erro de fato e erro de direito há muito é ultrapassada. Cezar Roberto Bitencourt salienta a necessidade de que se ignorem os velhos conceitos romanísticos de erro de direito e erro de fato, pois o erro de tipo abrange situações que, outrora, eram classificadas ora como erro de fato, ora como erro de direito. Por outro lado, o erro de proibição, além de incluir situações novas (como, por exemplo, a existência ou os limites da legítima defesa), antes não consideradas, abrange uma série de hipóteses antes classificadas como erro de direito (Erro Jurídico-penal, p. 47).

a fazê-lo, temendo que o cavalo pudesse provocar um acidente, mas precisou aceder à ordem, pois foi ameaçado, pelo patrão, de perder o emprego. Porém, conforme havia previsto, apesar de todos os esforços, acabou perdendo o domínio do animal, que atropelou um pedestre, causando-lhe fratura em uma das pernas. Embora demonstrado o liame psicológico entre a conduta do cocheiro e o resultado danoso, o *Reichsgerich* negou a culpabilidade do acusado, em decisão de 23 de maio de 1897, proferida pela IV Sala Penal do Tribunal do Império, por não ser exigível, considerando a situação concreta dos fatos, que o acusado se recusasse a realizar a ação que ele próprio previra perigosa, ante o risco seguro de perder seu meio de subsistência. Em outras palavras, por não ser exigível que o acusado agisse de forma diversa. É o caso que os alemães denominam *Leinenfänger*.[49]

Na doutrina, o normativismo apareceu com a obra de Reinhard Frank,[50] o qual esposou a "teoria das circunstâncias concomitantes", que parte do critério diferenciador do direito alemão acerca do estado de necessidade. Frank sustentou haver condutas dolosas e, não obstante, não culpáveis, como a que se pratica em estado de necessidade exculpante[51] ou sob coação. Seguiram-se as considerações

---

[49] Luis Jiménez de Asúa, *Tratado de derecho penal*, t. VI, 2 ed., Buenos Aires: Editorial Losada, 1962, p. 934.

[50] "Se está de acuerdo em que Reinhard Frank merece un lugar preferente, como iniciador de esta nueva corriente del pensamiento jurídico penal, por su monografia *Uber den Aufbau des Schuldbegriffs* (1907) y las sucesivas edicionesde su *Kommentar* (ahora em la 18ª ed.). Pero también ocupan la primera línea, J. Goldshmidt y Freudenthal" (Ricardo C. Nunes, *in Bosquejo de la culpabilidad*, prefácio a "La concepción Normativa de la culpabilidade, de James Goldschmidt, Buenos Aires: Depalma, 1943, XXV"). Consoante José Antonio Paganella Boschi: "A Reinhard Frank é atribuída à autoria da teoria normativa da culpabilidade, que foi aperfeiçoada, sobre as mesmas bases, por seus seguidores, Goldschmidt, Freudenthal, Mezger, com a introdução de alguns aspectos novos: a 'contrariedade ao dever' (Goldschimidt), a 'exigibilidade de conduta diversa' (Freudenthal) e a 'reprovabilidade' (Mezger)" (*Das penas e seus critérios de aplicação*, 3. ed. rev. atual., Porto Alegre: Livraria do Advogado, 2004, p. 195.)

[51] Diferentemente da *teoria unitária*, adotada pelo direito brasileiro, a *teoria diferenciadora* consagra o *princípio da ponderação dos bens em conflito* e concebe o estado de necessidade ora como excludente da ilicitude (quando sacrifica bem de menor valor), ora como excludente da culpabilidade (quando sacrifica bem de valor igual ou superior).

de fundo neokantiano de James Goldschmidt, para quem uma ação tem dois aspectos frente à norma: o da legalidade e o da exigibilidade. Para Berthold Freudenthal, era justamente a exigibilidade o elemento diferencial entre culpabilidade e inculpabilidade. Ao fim e ao cabo, a evolução do pensamento normativista inseriu a *exigibilidade de conduta diversa* na estrutura culpabilidade, como elemento normativo.

Considerando que a culpabilidade residia na possibilidade de o agente agir de acordo com o direito, seria necessário, portanto, que o agente pudesse agir com consciência do direito. Com isso, ganharam espaço as teorias do dolo que concebiam o *dolo normativo*. Assim, a consciência da ilicitude passou a integrar o dolo, aproveitando-se a noção de *dolus malus* dos romanos. A *teoria extremada do dolo* (estrita, extrema) exigia consciência atual da ilicitude, enquanto a *teoria limitadora* (limitada) defendia a consciência potencial da ilicitude.

Em Mezger, assinala-se a fragilidade da teoria extremada, mediante a tese dos criminosos habituais. Consoante Francisco de Assis Toledo:

> "Raciocinemos com um exemplo bem brasileiro: um delinquente profissional do sertão, ou um delinquente habitual das favelas do Rio, ou de São Paulo. Esse tipo criminógeno, em geral menor desamparado ou nascido de família desajustada, é criado e educado, desde a mais tenra infância, em um ambiente social agressivo, onde a criminalidade é a tônica. Para ele o furto, o roubo, os crimes contra a pessoa, é o normal, o certo. Não chegou a formar em seu espírito uma consciência ética, nem teve oportunidade para isso. Os seus padrões de conduta são modelados segundo as regras do crime. Não sabe distinguir o certo do errado, o reto do torto, o lícito do ilícito".

E arremata o festejado mestre:

> "Como exigir-se de um desses seres humanos às avessas que tenha a exata 'consciência atual da ilicitude', quando jamais soube o que é ilícito? Mas, se a cons-

ciência da ilicitude é elemento constitutivo do dolo, a conclusão é a de que um tal tipo criminológico, quando comete crime, age sem dolo. Inexistindo dolo, não há culpabilidade e, sem esta, não há possibilidade de se aplicar a pena criminal".[52]

O pensamento de Mezger, embora tenha contribuído para estabelecer a denominada *culpabilidade pela conduta de vida*,[53] expôs, por outro lado, toda a fragilidade da teoria extremada do dolo. Destarte, acaba por lograr êxito, por convir à concepção normativa, a teoria limitada do dolo, que se conforma com a consciência potencial da ilicitude. Assim, a culpabilidade acaba constituída por elementos psicológicos (dolo e culpa) e normativos (potencial consciência da ilicitude no dolo e exigibilidade de conduta diversa).

Essa teoria provoca profundas modificações na problemática do erro. Em tendo a consciência da ilicitude como elemento normativo, não cabe mais a simples atuação do princípio *error iuris nocet*, pois a consciência da ilicitude vai condicionar a culpabilidade, de modo que a ignorância ou o erro sobre a ilicitude acaba repercutindo na reprovação. Desenha-se, então, uma nova teoria do erro, que abandona a dicotomia erro de fato/erro de direito, substituindo-a pelas noções de erro de tipo e erro de proibição, ambos escusáveis ou inescusáveis, dependendo das circunstâncias. Assim, o erro de tipo é escusável se representa inevitável erro de representação do agente, atingindo o elemento intelectual do dolo e, portanto, excluindo-o. Da mesma forma, o erro de proibição, sendo inevitável, acaba por comprometer o elemento normativo do dolo, ou seja, a consciência da ilicitude. Em ambos os casos, o erro sempre exclui a culpabilidade dolosa, já que sempre incide no dolo, que é elemento dela, permitindo, todavia, a punição por crime culposo, se evitável o erro. É a chamada *teoria*

---

[52] *Op. cit.*, p. 225.
[53] Na culpa pela condução de vida "o que importa para a censura não é, especificamente, o fato típico, mas a conduta de vida do autor diante do que é reprovado criminalmente" (Cf. Chaves Camargo, in *Culpabilidade e Reprovação Penal*, p. 161).

unitária do erro, pois este sempre exclui o dolo, seja erro de tipo, seja de proibição.

O surgimento do sistema finalista, de Hans Welzel, consagra a *teoria normativa pura da culpabilidade*. Essa teoria repudia a inserção de dolo e culpa na culpabilidade. Entende que coisas tão distintas não podem ser elementos do mesmo fenômeno, ou seja, da culpabilidade. Ora, se no dolo existe vínculo subjetivo, o mesmo não ocorre na culpa inconsciente, espécie ordinária de culpa. Ademais, se a culpabilidade traduz juízo de valor sobre a vontade contrária ao direito, não podem os elementos volitivos estar no próprio conteúdo da valoração, já que são objetos dela.

Assim, dolo e culpa são transplantados para a ação e, em conseqüência, para o tipo penal. O dolo é fenômeno natural, composto de um elemento intelectual (representação) e de um elemento volitivo (querer ou assumir o risco), livre do componente normativo (consciência da ilicitude), que, sendo compatível com a culpabilidade, permanece nela, dissociando-se do dolo. Assim, a culpabilidade passa a contar unicamente com elementos normativos: imputabilidade, a consciência potencial da ilicitude e a exigibilidade de conduta diversa.

O erro, por sua vez, assume uma concepção distinta (*teoria diferenciadora do erro*). Se incidir sobre elemento do tipo, excluirá o dolo e, portanto, a tipicidade. Se evitável, permite a punição por crime culposo. Versando o erro sobre a ilicitude, exclui, quando escusável, a potencial consciência da ilicitude e, portanto, a culpabilidade. Quando inescusável, ou seja, evitável, o erro apenas diminui a culpabilidade, atenuando a pena.

5.2. O dolo normativo

Já dissemos que o repúdio à responsabilidade objetiva partiu da premissa de que deveria haver um vínculo subjetivo entre o indivíduo e o fato por ele praticado. Esse vínculo subjetivo estava estruturado na idéia de dolo e culpa, que faziam parte da culpabilidade, segundo a chamada *teoria psicológica da culpabilidade*.

A concepção *psicológico-normativa da culpabilidade*, a seu turno, concebeu o dolo normativo, porque revestido de um elemento de valor (consciência da ilicitude), ao lado de elementos naturais ou puramente psicológicos (vontade e representação).

Não se confunde, a consciência da ilicitude, com o desconhecimento da lei. Esta a todos se impõe, não importando se analfabeto ou doutor. Mas todos podem ter uma equivocada compreensão da ilicitude, por má formação ética ou precária evolução cultural. Essa falha no processo de socialização pode levar o agente a agir sem adequada consciência do certo e do errado, sem um adequado conhecimento do direito na esfera do profano, dando origem ao *erro sobre a ilicitude do fato* ou, simplesmente, *erro de proibição*.

Para a *teoria extremada do dolo*, a consciência da ilicitude é efetiva; para a *teoria limitada do dolo*, tal consciência é apenas potencial, traduzindo-se na possibilidade de o indivíduo, nas circunstâncias, conhecer o desvalor do comportamento. A teoria limitada acabou por prevalecer, ante a impossibilidade de se aferir se alguém tem, efetivamente, consciência da ilicitude. O máximo a que se pode chegar é à conclusão de que era possível adquirir essa consciência nas circunstâncias.

Ou seja, dolo normativo é o dolo valorado, que contém a potencial consciência da ilicitude ao lado da representação e da vontade.

5.3. O dolo natural

Migrando para a conduta, graças ao finalismo, o dolo deixou na culpabilidade o seu elemento normativo. Assim, tratamos, hoje, do dolo em sua forma psicológica pura, ou dolo natural, composto de representação e vontade.

Pierangeli e Zaffaroni ensinam:

"Há quase meio século a doutrina apercebeu-se que é tão falso que o dolo seja representação como que o dolo seja vontade: *o dolo é representação e vontade*".[54]

É o que também se depreende da teoria de Günther Jakobs,[55] quando salienta que "meu único objetivo é enunciar as condições nas quais tem lugar o cumprimento da norma: o lado volitivo e o lado cognitivo do comportamento".[56]

Prevalece, portanto, a noção de dolo natural, composto apenas de representação e de vontade.

5.4. Representação

Constitui o aspecto intelectual ou cognoscitivo do dolo, consubstanciado no conhecimento, pelo agente, de todos os contornos típicos do seu comportamento. Muñoz Conde e García Arán advertem não ser imperioso que o agente conheça outros elementos pertencentes à antijuridicidade, à culpabilidade ou à pena. O conhecimento destes elementos pode ser necessário a outros efeitos, por exemplo, para qualificar a ação como antijurídica, culpável ou punível, mas não para tipificá-la.[57]

Assim, no crime de homicídio qualificado pelo emprego de veneno, por exemplo, deve o agente conhecer o potencial tóxico da substância empregada e o fato de sua ingestão por alguém.

No caso dos crimes omissivos, deve o agente conhecer a circunstância ensejadora do dever de agir. Assim, se um pai, por exemplo, passa à ilharga do filho em iminente perigo de vida, sem conhecer a paternidade, não responde por crime omissivo impróprio a título de dolo.

---

[54] *Manual de direito penal brasileiro*, 2. ed., São Paulo: Revista dos Tribunais, 1999, p. 481.
[55] Sobre o funcionalismo penal e a imputação objetiva, vide Capítulo 2.
[56] *Fundamentos do direito penal*, op. cit., 14.
[57] *Derecho penal: parte general*, 4. ed., Valência: Tirant lo Blanch, 2000, p. 304.

Não se exige, todavia, que o sujeito tenha um conhecimento exato de cada particularidade ou elemento do tipo objetivo, mas uma *valoração paralela na esfera do profano*, ou seja, um conhecimento aproximado da significação social ou jurídica dos aspectos integrantes do tipo penal.[58]

5.5. Vontade

Vontade é a energia que controla o comportamento. É ela que permite ao ser humano conter impulsos e tomar atitudes. Sem a vontade, o ser humano é refém das exigências do meio ambiente e dos caprichos do instinto.

A vontade não se confunde com o desejo, pois este é controlado pela vontade.[59] Também não se confunde com intenção, que é a bússola da vontade, seu elemento finalístico, que norteia para o objetivo eleito. A vontade, portanto, limita-se à conduta. A intenção volta-se ao evento, que é o escopo.[60] Segundo a matriz finalística, porém, não convém separar vontade e finalidade. Conforme ensinam Eugênio Raul Zaffaroni e José Henrique Pierangeli:

"A vontade implica sempre uma finalidade, porque não se concebe que haja vontade de nada ou vontade para nada; a vontade sempre é vontade de algo, isto é, a vontade sempre tem um conteúdo, que é uma finalidade".[61]

A vontade conduzida pela intenção de realizar o tipo penal consubstancia o aspecto volitivo do dolo. Tal vontade

---

58 Cf. Muñoz Conde e García Arán, *op. cit.*, p. 305.
59 Segundo José Cerezo Mir, não se pode confundir vontade com o simples desejo, pois este não é suficiente para integrar o elemento volitivo do dolo. Se um sobrinho recomenda a seu tio, de quem é o único herdeiro, que viaje muito de avião, na esperança de que morra num acidente aéreo, não há vontade de matar, embora haja, sem dúvida alguma, o desejo de que a morte do tio ocorra. O dolo ocorre apenas quando o sujeito quer o resultado delitivo como conseqüência de sua própria ação e se atribui alguma influência na sua produção (*Curso de direito penal espanhol*, v. 2, 6ª ed., Madrid: Editorial Tecnos, 2001, p. 145.).
60 Cf. Paulo José da Costa Jr., *Nexo Causal*, 3ª ed., São Paulo: Siciliano Jurídico, 2004, p. 16.
61 *Manual de direito penal brasileiro*, *op. cit.*, p. 414.

pode estar, segundo a diretriz finalística, conduzida direta ou indiretamente ao resultado. Conforme ensina Welzel, o dolo "não é somente vontade tendente à concretização do fato, mas também a vontade apta para a realização do fato".[62]

5.6. O dolo da pessoa jurídica

A Constituição Federal de 1988 atribuiu responsabilidade penal à pessoa jurídica (art. 225, § 3º). Na esteira da norma constitucional, a Lei nº 9.605/98 estabeleceu a punição das pessoas jurídicas, tipificando crimes contra o meio ambiente e dispondo, expressamente, que "as pessoas jurídicas serão responsabilizadas administrativa, civil e penalmente, conforme o disposto nesta Lei, nos casos em que a infração seja cometida por decisão de seu representante legal ou contratual, ou de seu órgão colegiado, no interesse ou benefício da entidade" (art. 3º).

No Brasil, a matéria tem ensejado muita controvérsia sobre a capacidade delitiva dos entes coletivos. Na verdade, o debate não é recente. As teorias negativistas recusavam existência autônoma às pessoas jurídicas. As teorias da ficção, cujo principal expoente é Savigny, consideram a pessoa jurídica uma criação artificial da lei, sonegando-lhe responsabilidade penal (*societas delinquere non potest*).

Diversamente, as teorias da realidade, principalmente defendidas por Otto Gierke e Zitelmann, admitem a responsabilidade civil e penal da pessoa jurídica, pelo fato de constituir ela uma realidade natural, resultante da existência de vários membros e formada por vários órgãos, cada qual com função própria. É essa a concepção informadora da ordem jurídica nacional.

Portanto, não há incompatibilidade entre pessoa jurídica e dolo, pois a *mens rea* reside na representação e na vontade manifestada pelos órgãos deliberativos.

---

[62] Hans Welzel, *Direito Penal*, Campinas: Romana, 2003, p. 119.

Preleciona Fausto Martins de Sanctis:

"No bojo dos órgãos dos entes coletivos encontra-se o elemento moral ou intencional da prática delituosa, residindo aí o elemento subjetivo do tipo".[63]

Ainda, conforme Fábio Bittencourt da Rosa, "a pessoa jurídica, através de seu centro de decisão, poderá praticar crimes dolosos, com dolo direto ou eventual, e crimes culposos".[64]

Não importa tratar-se de um órgão individual (presidente, diretor-geral, gerente etc.) ou coletivo (conselho de administração, conselho fiscal, assembléia, outra sociedade etc.). O importante é que esse órgão esteja encarregado de exprimir a vontade da pessoa jurídica, ainda que não se trate de um representante legal. Assim, é possível que se trate de um simples preposto da entidade, desde que, repita-se, exteriorize o poder de decisão da pessoa jurídica.

Com isso, não se excluem, também, as questões tradicionais afetas ao dolo e à culpa, pois, "tendo consciência, pode o grupamento estar sujeito às questões sobre erro de tipo ou de proibição, bem como à hipótese de negligência, uma vez que também possui dever de cuidado".[65]

A punição da pessoa jurídica implica, é verdade, atingir os componentes que não tomaram parte na deliberação pelo crime. Todavia, é conseqüência intransponível da pena criminal prejudicar outras pessoas, tal como a prisão de um chefe de família atinge indiretamente seus familiares. É bem de ver, ademais, que todos os indivíduos que integram uma sociedade aceitam, voluntariamente, submeter-se à vontade da maioria, pois isto é da essência dos entes coletivos. Assim, a vontade da maioria, como expressão da vontade coletiva, é sempre a vontade que os demais, mesmo votando vencido, adrede aceitaram.

---

[63] *Responsabilidade penal da pessoa jurídica*, São Paulo: Saraiva, 1999, p. 41.
[64] *Direito penal*: parte geral, Rio de Janeiro, Impetus, 2003, p. 89.
[65] Fausto Martins de Sanctis, *op. cit.*, p. 43.

5.7. Jurisprudência

1. Aspecto intelectual do dolo: "Não basta o dolo cível para embasar condenação, fazendo-se mister dolo penal, ou seja, ciência e consciência da prática de um ato delituoso" (TACRIM-SP – AC – Rel. Geraldo Gomes – JUTACRIM 58/169).

2. Aspecto volitivo do dolo: "Dolo, perante o Direito pátrio, é a vontade dirigida ao resultado, bem como a vontade que, embora não dirigida diretamente ao resultado previsto como provável, consente no advento deste ou assume o risco de produzi-lo" (TACRIM-SP – AC – Rel. Galvão Coelho – JUTACRIM 43/297).

Capítulo 6

DOLO E TIPO PENAL

6.1. Breve história do tipo penal

A expressão alemã *tatbestand* significa "hipótese de fato", originando-se do latim medieval (*facti species*), que significava figura do fato. Por isso, traduz-se em italiano para *fatispecie*, conceito que foi traduzido para o português como "tipo". Até 1906, *tatbestand* existia com sentido diferente, pois significava a totalidade do fato, em seus aspectos objetivo (antijuridicidade) e subjetivo (culpabilidade).

Graças a Ernest von Beling, o tipo penal assume, a partir de 1906, um caráter puramente descritivo e, portanto, objetivo. O tipo seria, pois, mera descrição de um comportamento criminoso padrão. Mas a teoria objetiva, embora consentânea com o princípio da legalidade, não conseguia explicar questões importantes, como a tipicidade da tentativa, por exemplo. Afinal, só seria possível estabelecer a tipicidade da tentativa se fossem examinados, além dos aspectos objetivos, os aspectos subjetivos da conduta.

As dificuldades da teoria objetiva, o descobrimento da culpabilidade normativa (1907) e dos elementos normativos do tipo (1910) fizeram com que se pensasse que o dolo deveria pertencer ao tipo, de modo que o tipo teria caráter complexo (objetivo-subjetivo), como queriam Hellmuth von Weber (1929), e o Conde Alexander Zu Dohna (1936). Com

Welzel, na década de 30, aperfeiçoa-se o conceito de tipo complexo, dando origem à concepção atual.

Muito se discutiu – e ainda se discute – acerca da relação do tipo com a antijuridicidade. Para Beling, o tipo penal era *avalorado*, nada indicando a respeito da antijuridicidade (fase da independência do tipo). Edmund Mezger transmudou o tipo em tipo de injusto, que assim passou a ser a *ratio essendi* (razão de ser) ou a essência da ilicitude. Uma variante dessa teoria preconiza que a tipicidade encerra juízo de antijuridicidade, de modo que, afirmada a tipicidade, também estará afirmada a antijuridicidade, e as causas de justificação eliminarão a tipicidade, comportando-se como elementos negativos do tipo (*teoria dos elementos negativos do tipo*, sustentada por Hellmuth von Weber).

Na América Latina, Eugenio Raúl Zaffaroni sustenta que a tipicidade penal equivale à tipicidade legal mais tipicidade conglobante. A tipicidade legal constitui adequação formal ao tipo, enquanto a tipicidade conglobante é a comprovação de que a conduta legalmente típica está também proibida pela norma proibitiva, ou seja, é antinormativa, sendo que antinormatividade não se confunde com antijuridicidade (ex.: o furto famélico viola a proibição de "não furtar", dando lugar à tipicidade penal, pois há tipicidade legal e tipicidade conglobada, mas não há, todavia, antijuridicidade, ante o estado de necessidade).

Prevalece a idéia de Max Ernst Mayer, no sentido de que o tipo é indício de ilicitude (teoria da *ratio cognoscendi*). Assim, praticado um fato típico, a ilicitude é presumida. Tal presunção é relativa (*iuris tantum*), porque desaparece ante a verificação de uma causa excludente da ilicitude (descriminante).

6.2. Elementos do tipo penal

Como visto, o direito penal adota o modelo complexo de tipo penal. Isto significa que os tipos penais não contêm apenas elementos descritivos, mas, também, elementos normativos e subjetivos. Observe-se o artigo 155, *caput*, do Código Penal. Ele é composto dos seguintes elementos:

a) subtrair: elemento que traduz ação, sendo, portanto, um *dado da realidade*, passível de constatação objetiva;

b) coisa móvel: *idem;*

c) alheia: elemento ligado às definições jurídicas de posse e propriedade, dependendo de um *juízo de valor*;

d) para si ou para outrem: traduz um *dado interno do comportamento*, ligado à subjetividade do agente, insuscetível de verificação objetiva.

Os tipos penais, portanto, podem conter elementos objetivos (dados da realidade), normativos (dados do mundo dos valores) e subjetivos (dados internos do comportamento), contrariando a idéia original de Beling, que propunha tipos puramente descritivos.

6.3. Adequação típica

Chama-se *juízo de adequação típica* o procedimento de enquadramento da conduta a um tipo penal. Ocorre a adequação típica de subordinação imediata ou direta, quando a conduta se ajusta perfeitamente ao tipo penal, ao passo que há adequação típica de subordinação mediata ou indireta quando se faz necessário o auxílio de uma norma de extensão do tipo, como ocorre na tentativa e no concurso de agentes. Assim, como não existe, na parte especial do Código Penal, o tipo "tentar matar alguém", recorre-se à norma de extensão do artigo 14, II, como forma de se preservar a legalidade, porquanto o tipo passa a alcançar etapa anterior à consumação do crime, falando-se, pois, em norma de extensão temporal ou cronológica. O mesmo ocorre com o artigo 29 do CP, que amplia o alcance do tipo para pessoas que não praticam a ação descrita, tratando-se, pois, de norma de extensão pessoal.

O juízo de adequação típica deve ocorrer no plano objetivo e no plano subjetivo. Isto significa que não basta a adequação externa de uma conduta ao tipo penal. A conduta deve estar ajustada ao tipo também subjetivamente, o que implica dizer que os dados idealizados pelo agente devem coincidir com os dados do tipo penal, assim como a vontade deve buscar a efetivação dos dados idealizados. Com efeito, para a realização do tipo penal, representação e vontade devem convergir para a realização do tipo, sob pena de não se configurar a tipicidade em sua forma dolosa.

6.4. Atipicidade subjetiva

Ocorre atipicidade subjetiva em duas situações:

a) ausência de representação ou defeituosa representação: caso em que, por interpretação equivocada da realidade ou outra razão, os dados do intelecto não correspondem aos dados tipificados. Ex.: O agente desconhece o caráter alheio da coisa por ele apanhada.

b) ausência de vontade dirigida, direta ou indiretamente, ao resultado: caso em que o agente não impulsiona seu comportamento na direção do evento, que o agente acaba produzindo por inadequado emprego de meios para atingir seu objetivo. Ex.: o agente que, involuntariamente, esbarra numa obra de arte, deteriorando-a, não incorre no crime de dano.

São casos, portanto, em que a representação ou a vontade do agente não convergem com o tipo penal. A ausência de uma ou outra estrutura é suficiente, por si só, para afastar a prática dolosa, pois o dolo só é possível quando há vontade e representação finalisticamente voltados ao resultado, ainda que indiretamente.

Cogitar-se-á, então, de atipicidade subjetiva. A atipicidade será absoluta se não houver punição a título de culpa. Ex.: no caso de dano culposo, não há previsão legal, e o agente não responde criminalmente. A atipicidade será relativa, porém, quando o fato derivar de culpa e for punível a esse título. Ex.: agente que manuseia arma carregada e, involuntariamente, mata, não responde por homicídio doloso, mas a tipicidade desloca-se para o homicídio culposo (atipicidade relativa). A atipicidade relativa equivale, pois, a uma desclassificação.

6.5. Dolo e elementos subjetivos do tipo

O dolo é um elemento subjetivo geral nos tipos dolosos. Ao lado dele, porém, existem muitos tipos penais compostos de elementos de ordem subjetiva, que podem fazer referência à culpabilidade, à ilicitude, ou ao próprio dolo.

Conforme Daniela de Freitas Marques, ligam-se ao dolo as menções no tipo legal de crime referidas diretamente à consciência e à vontade de realizar o tipo subjetivo de um crime. Expressões como "sabendo", "devendo saber", "com conhecimento" ou outras similares, facilmente identificáveis no comportamento humano proibido, aludem não a um propósito ou a uma tendência especial do agente, mas a um dos elementos do dolo: *o elemento intelectivo*. Essa autora considera dispensáveis tais menções, em razão de serem portadoras de uma forte carga pleonástica.[66]

Tal observação não deixa de ter sentido, na medida em que o saber ou o dever saber integram o dado intelectual do elemento subjetivo geral, ou seja, o dolo, na sua forma direta ou eventual. Mas há situações em que a adoção desses elementos cumpre função importante na estrutura típica, que é justamente quando o legislador pretende limitar a manifestação dolosa, como ocorre na divulgação da calúnia (CP, art. 138, § 1º), em que só se admite o dolo direto. Assim, empregando a fórmula "sabendo falsa a imputação", o legislador exclui o dolo eventual da figura típica.

---

[66] *Elementos subjetivos do injusto*, Belo Horizonte: Del Rey, 2001, p. 77-78.

Existem dados subjetivos ligados à culpabilidade, como os motivos, os quais estão diretamente relacionados à reprovabilidade, que é essência do juízo de culpabilidade penal. É certo que matar por motivo torpe é mais reprovável que matar por motivo de relevante valor social ou moral.

Não se confundem os motivos com finalidades especiais do agente. Motivos são a causa da vontade – o *porquê* – enquanto os fins são os objetivos que a vontade pretende atingir – *para que*.

Os fins especiais do agente são vinculações do tipo com a ilicitude, traduzidos em especiais tendências, intenções ou propósitos, que condicionam ou fundamentam o juízo de ilicitude do comportamento.[67] Uma conduta objetiva será considerada lícita quando, subjetivamente, expressar a finalidade de satisfazer a ordem jurídica global. É o que ocorre, por exemplo, na agressão praticada com a finalidade de preservação de outro bem jurídico (legítima defesa e estado de necessidade), com o fim de cumprir dever (estrito cumprimento do dever legal) ou exercer direito (exercício regular do direito).

Afora as referências à ilicitude postas na parte geral (tipos permissivos), existem referências à ilicitude na parte especial, como ocorre na coação exercida com o fim de impedir suicídio (CP, art. 143, § 3º, II). Não se ignorando que se trata de causa especial de estado de necessidade, é certo dizer que não só a tipicidade, mas também a ilicitude do constrangimento ilegal está condicionada aos fins perseguidos pelo autor do constrangimento.

Os elementos subjetivos do injusto podem estar implícitos no tipo penal, como ocorre nos crimes contra a honra, que requestam *animus diffamandi vel injuriandi*.

Os elementos subjetivos do injusto identificam-se, especialmente, nos seguintes casos:

a) *delitos de intenção:* caracterizam-se por uma finalidade especial, como ocorre nos arts. 157 (para si ou para

---

[67] Cf. Daniela de Freitas Marques, *op. cit.*, p. 119.

outrem), 180 (em proveito próprio ou alheio) e 353 (fim de maltratar), entre outros, do CP;

b) *delitos de tendência:* são os que exigem um propósito essencial à natureza da conduta, como o propósito de ofender (CP, arts. 138, 139 e 140) e o propósito de ultrajar (CP, art. 212).

c) *momentos especiais de ânimo:* traduzem características especiais do ânimo do autor, como a expressão "indulgência", prevista no art. 320 do CP.

Parece-nos imprópria a expressão "dolo específico", pois os elementos subjetivos não devem jamais ser confundidos com o dolo, como adverte Cezar Roberto Bitencourt:

"Na realidade, o especial fim ou motivo de agir, embora amplie o aspecto subjetivo do tipo, não integra o dolo nem com ele se confunde, uma vez que, como vimos, o dolo esgota-se com a consciência e a vontade de realizar a ação com a finalidade de obter o resultado delituoso, ou na assunção do risco de produzi-lo".[68]

De acordo com Claus Roxin:

"Com efeito, é certo que alguns desses elementos subjetivos do tipo (como o 'ânimo de apropriação antijurídica' no § 242 ou o 'ânimo de enriquecimento ilícito' no § 263) não são total nem parcialmente idênticos ao dolo: quem não tem dolo de furtar não pode querer qpropriar-se antijuridicamente da coisa que subtraiu; e quem realiza sem dolo de iludir o tipo objetivo do § 263 não pode ter o propósito de enriquecer a si ou a outrem ilicitamente. Agora, o que é pressuposto necessário de um elemento do tipo penal, também há de pertencer como tal ao tipo".[69]

Sequer os elementos subjetivos especialmente ligados ao dolo podem ser tratados como *dolo específico*. Como visto, tais elementos são integrantes do dolo em sua concepção genérica. Consoante Luiz Régis Prado:

---

[68] *Manual de direito penal*, op. cit., p. 212-213.
[69] *Derecho penal*, op. cit., p. 309-310.

"Assim, tem-se modernamente classificado o dolo tão-somente em dolo direto e dolo eventual (...). Desse modo, cai por terra a antiga classificação – oriunda do Medievo e sustentada pela doutrina italiana clássica – que cominuía o dolo em: o dolo determinado, indeterminado, cumulativo, alternativo, eventual, genérico, específico, de dano, de perigo, de ímpeto, de propósito etc.".[70]

6.6. Jurisprudência

1. Dolo e tipicidade: "Sem dolo não há tipicidade, segundo a teoria finalista da ação. A mera voluntariedade configuraria responsabilidade objetiva" (TACRIM –SP – HC – Rel. Walter Theodósio – JUTACRIM 95/317).

2. Elemento subjetivo especial: "Não se pode alçar à condição de ilícito penal aquilo que somente é desejado pela especial susceptibilidade da pessoa atingida e nem se deve confundir ofensa à honra, que exige dolo e propósito de ofender, com narrativa crítica, de fatos gravíssimos, mas limitada, até aqui, ao *animus narrandi*. Recurso conhecido e provido, trancando-se a ação penal" (STJ – RHC 8036/SP – 5ª Turma, Rel. Min. Felix Fischer, DJU 07.06.99, p. 109).

3. Elemento subjetivo especial: "O rapto encerra elemento subjetivo do tipo – para fim libidinoso. Em ocorrendo, em seguida, o outro crime, ter-se-á concurso material (CP, art. 222), dado aplicarem-se cumulativamente a pena de ambos os delitos. Além disso, evidencia-se a conexão entre as duas infrações. Incide, então, a norma do art. 78, II, *a*, do Código de Processo Penal" (STJ – CC 4675/SP – 3ª Seção, Rel. Min. Luiz Vicente Cernicchiaro, DJU 30.8.93, p. 194).

---

[70] Curso de direito penal brasileiro, *op. cit.*, p. 297.

Capítulo 7

DOLO E CIRCUNSTÂNCIAS

7.1. Circunstâncias do crime

Circunstância advém de *circum stare*, que significa estar em redor. Conforme a lapidar lição de Fernando Capez, "circunstância é todo dado secundário e eventual agregado à figura típica, cuja ausência não influi de forma alguma sobre sua existência. Tem a função de agravar ou abrandar a sanção penal e situa-se nos seus parágrafos".[71] Circunstâncias são, portanto, dados que vão modificar as conseqüências da prática delituosa, sem alterar a tipicidade. Isso implica que, se o operador jurídico não as levar em consideração, a tipicidade não restará alterada. Ex.: o furto não deixa de ser típico se abstrairmos o fato de ter sido praticado durante o repouso noturno, circunstância prevista no § 1º do art. 155. Assim, o repouso noturno é tão-somente uma circunstância de aumento de pena.

Nisso reside a fundamental distinção entre uma circunstância e uma elementar. Enquanto a ausência da circunstância não altera a tipicidade, a ausência de uma elementar do tipo altera a tipicidade, quer extinguindo-a (atipicidade absoluta), quer alterando-a (atipicidade relativa). No caso de atipicidade absoluta, a ausência da elementar afasta a existência de qualquer outro crime. No caso de atipicidade relativa, a ausência da elementar faz

---

[71] *Curso de direito penal*: parte geral: volume 1, São Paulo: Saraiva, 2000, p. 400.

surgir outra espécie delituosa. É preciso o exemplo de Damásio de Jesus quanto à condição de funcionário público nos crimes de prevaricação (CP, art. 319) e peculato (art. 312). Abstraída essa condição, o fato deixa de ser crime se tratarmos de prevaricação (atipicidade absoluta), mas desclassifica-se para apropriação indébita (CP, art. 168) no caso de peculato (atipicidade relativa).[72] Isso ocorre porque a condição de funcionário público não pode ser abstraída sem prejuízo da tipicidade, tratando-se, pois, de elementar do crime funcional, e não mera circunstância.

Segundo Esmeraldino Bandeira, citado por Damásio de Jesus, os elementos apresentam o crime despido, e as circunstâncias o mostram vestido.[73]

As circunstâncias classificam-se da seguinte forma:

1. Judiciais: estão previstas no artigo 59 do CP, servindo para auxiliar o juiz na primeira etapa da fixação da pena.

2. Legais: são todas as outras, não previstas no art. 59, dividindo-se em gerais e especiais, a saber:

a) gerais: são as agravantes, as atenuantes e as causas de aumento ou diminuição da parte geral. As agravantes servem para aumentar a pena e estão previstas nos artigos 61 e 62 do CP, enquanto as atenuantes, ao contrário, reduzem a pena e estão nos artigos 65 e 66 do CP. O *quantum* de aumento não é previsto legalmente, cabendo ao prudente arbítrio do juiz. Diversamente, nas causas de aumento (majorantes) ou de diminuição (minorantes), existe um parâmetro estabelecido pelo legislador. (Ex.: CP, art. 16).

b) especiais: são as qualificadoras e as causas de aumento e diminuição previstas na parte especial. Estas são circunstâncias de modificação da pena original em patamares determinados (1/2, 1/3, etc.), enquanto as qualificadoras consubstanciam uma pena diferente, com

---
[72] Ver Damásio Evangelista de Jesus, *op. cit.*, p. 479-81.
[73] *Op. cit.*, p. 480.

novos limites mínimo e máximo. Como esclarece Cezar Bitencourt:

> "Alguns doutrinadores não fazem distinção entre as majorantes e as minorantes e as qualificadoras. No entanto, as qualificadoras constituem verdadeiros tipos penais – tipos derivados – com novos limites, mínimo e máximo, enquanto as majorantes e minorantes, como simples causas modificadoras da pena, somente estabelecem a sua variação. Ademais, as majorantes e minorantes funcionam como modificadoras na terceira fase do cálculo da pena, o que não ocorre com as qualificadoras, que estabelecem limites mais elevados, dentro dos quais será calculada a pena-base".[74]

7.2. Crimes qualificados

Já ficou dito que, em certos delitos, o legislador elege determinadas situações para agregar ao tipo e torná-lo qualificado, ou seja, mais gravemente apenado. Tais dados, agregados ao tipo penal, denominam-se *qualificadoras* e dão origem a um tipo penal derivado,[75] com pena fixada em limites mínimo e máximo superiores ao tipo original. Ex.: enquanto o homicídio simples (art. 121, *caput*), tem pena de 6 a 20 anos, no homicídio qualificado, consubstanciado nas hipóteses do § 2º do artigo 121 do Código Penal, a pena é de 12 a 30 anos.

Não há nenhuma incompatibilidade entre o dolo, mesmo na modalidade eventual, e uma circunstância qualificadora, qualquer que seja. Figure-se o exemplo do traficante que efetua disparos contra um automóvel estacionado e aparentemente vazio, anuindo com a possibilidade de vir a matar integrante de uma quadrilha rival, caso ele esteja

---

[74] *Manual de direito penal, op. cit.*, p. 520.
[75] Discute-se, na verdade, se o crime qualificado constitui um novo tipo penal ou se a qualificadora é mera circunstância do tipo original, dissidência que repercute na comunicabilidade das circunstâncias, pois, a teor legal, as condições pessoais só se comunicam quando elementares do crime (CP, art. 30).

no interior do veículo, em razão de disputas no comércio de entorpecentes. Nesse caso, o dolo é eventual, sendo torpe o motivo do crime.

7.3. Crimes qualificados pelo resultado

Às vezes, o legislador qualifica o crime em razão de um resultado de especial gravidade. Assim ocorre, por exemplo, com a lesão corporal qualificada, em que o legislador optou por punir mais gravemente aquelas ofensas que espelhem maior sofrimento ou conseqüências mais danosas para a vítima. Com efeito, enquanto a forma básica de lesão corporal tem pena de 3 meses a 1 ano de detenção, as formas qualificadas têm penas muito superiores: reclusão, de 1 a 5 anos para os resultados graves (§ 1º) e 2 a 8 anos para os resultados gravíssimos (§ 2º). O legislador prevê, ainda, a morte como resultado qualificador de uma lesão corporal, cuja pena varia 4 a 12 anos de reclusão (§ 3º).

Todas as circunstâncias previstas nos parágrafos do artigo 129 são resultados qualificadores. Ou seja, o legislador considera o resultado mais grave como fundamento de um apenamento também mais gravoso.

Embora se costume chamar esse gênero de *crimes qualificados pelo resultado*, nem sempre, porém, se está diante de uma autêntica qualificadora. É o caso, por exemplo, da forma qualificada de aborto, prevista no artigo 127 do CP, em que não há limites mínimo e máximo definidos para o apenamento, e sim um parâmetro elástico de 1/3 para o resultado de lesão grave, ou o dobro, para o caso de morte. Trata-se, como vimos, de uma majorante.

Seja como for, em todos esses casos e em muitos outros, previstos na legislação, a pena é modificada em razão do resultado, fazendo surgir o gênero usualmente aceito como *crime qualificado pelo resultado*.

7.4. Crimes preterdolosos

Os crimes preterdolosos ou preterintencionais são uma classe à parte de crimes qualificados pelo resultado. São crimes em que o resultado qualificador não é abrangido pelo elemento subjetivo. Com efeito, o preterdolo (*praeter*=além) significa uma conseqüência que está além do que foi desejado pelo agente. É o caso, por exemplo, do já citado exemplo da lesão corporal seguida de morte. O agente quer produzir uma lesão corporal e a vítima, em conseqüência das agressões, acaba morrendo. A morte não é buscada, nem a título eventual, pelo agente, pois, se assim fosse, teríamos homicídio doloso. É o que diz o tipo derivado:

Art. 129.(...)

§ 3º. Se resulta morte e *as circunstâncias evidenciam que o agente não quis o resultado, nem assumiu o risco de produzi-lo.* – grifamos.

No caso, a morte deve derivar de culpa do agente, fazendo surgir um tipo penal híbrido, composto de dolo e culpa. Fala-se que há dolo no antecedente – tipo fundamental – e culpa no conseqüente – resultado mais grave.

A exigência de que o resultado mais grave derive de culpa está no rechaço à responsabilidade penal objetiva. Com efeito, é insuscetível de imputação o resultado mais grave quando este sequer é previsível pelo agente. Ex.: Jonas agride Jacó, que morre, ao cair, em virtude de bater com a cabeça numa pedra oculta sob a areia da praia. Nesse caso, a morte advém de caso fortuito, que não pode ser imputado ao agente, respondendo este, apenas, pela lesão corporal em sua forma fundamental.

A lesão corporal seguida de morte é um *crime preterdoloso próprio*, porque só é possível acontecer com culpa no resultado qualificador. O mesmo ocorre com a lesão corporal qualificada pelo perigo de vida (art. 129, § 1º, II) e na lesão corporal qualificada pelo aborto (art. 129, § 2º, V). Essas duas circunstâncias só admitem culpa em relação a elas, pois, se o agente atua com dolo, responde por tentativa de homicídio, no primeiro caso, e por aborto, no segundo.

Surge, todavia, o *crime preterdoloso impróprio* quando é praticado mediante culpa no conseqüente, mas nada impede que seja praticado com dolo. É o que ocorre nas demais qualificadoras da lesão corporal, que podem ser praticadas com dolo ou culpa. Veja-se que é possível produzir incapacidade para ocupações habituais por mais de 30 dias tanto dolosa como culposamente. Ex.: jogador da reserva que, querendo disputar o campeonato na condição de titular, aproveita-se de um treino para lesionar gravemente seu rival de posição, fazendo com que fique fora dos jogos.

Figure-se um outro exemplo: inconformado com o final do relacionamento, o namorado agride a namorada e acaba, por excesso, causando-lhe deformidade permanente na face. Trata-se de situação preterdolosa, pois há dolo de lesionar (antecedente) e culpa em relação ao resultado qualificador (conseqüente). Mas nada obsta que alguém, a fim de impedir que a namorada relacione-se com outro, pretenda causar-lhe deformidade facial, com o que age com dolo em relação ao resultado mais grave. Nesse caso, tem-se crime qualificado pelo resultado, mas a hipótese não é preterdolosa.

Assim, é possível fazer a seguinte distinção:

a) crime preterdoloso próprio: a figura típica só admite dolo antecedente e culpa conseqüente;

b) crime preterdoloso impróprio: a figura típica admite que haja dolo antecedente e dolo ou culpa conseqüente, só sendo possível falar em crime preterdoloso quando o resultado ocorrer por culpa do agente.

No caso do crime preterdoloso impróprio, o juiz deve, no ajuste da pena-base, mercê do artigo 59 do CP, considerar a existência de dolo ou culpa em relação ao resultado mais grave, reservando maior censura à forma dolosa.

Adverte Aníbal Bruno que, "ao contrário do dolo e da culpa, não há no agente uma situação psicológica que possamos chamar preterintenção. A preterintencionalidade está no fato, não no agente...".[76]

Com efeito. O preterdolo não é uma modalidade especial de elemento subjetivo ou normativo, mas uma estrutura típica híbrida, composta por ambos os elementos.

7.5. Jurisprudência

1. Lesão corporal seguida de morte: "A figura prevista no art. 129, § 3°, do Código Penal, exige, para sua configuração, a vontade livre e consciente de lesionar. Ausente o dolo, a agressão seguida de morte tipifica o delito do art. 121, § 3°, do citado estatuto. Desclassificação do delito de lesão corporal seguida de morte – art. 129, § 3°, do CP – para homicídio culposo – art. 121, § 3°, do CP. Recurso conhecido e provido" (STJ – RESP 29694/SC – 5ª Turma, Rel. Min. Cid. Flaquer Scartezzini, DJU 07.03.94, p. 3.670).

2. Dolo eventual e qualificadora: "Não há, no crime de homicídio, incompatibilidade entre dolo eventual e motivo fútil. É possível, por motivo fútil, alguém assumir o risco de produzir o resultado. Afastado, assim, o óbice de tal incompatibilidade, cabe ao tribunal 'a quo' examinar, em conseqüência, a existência da qualificadora referente ao motivo fútil" (STJ, RESP 365 / PR, Rel. Ministro Edson Vidigal, DJ 10.10.1989, p. 15649).

3. Dolo eventual e qualificadora: "Não há qualquer incompatibilidade entre o reconhecimento de dolo eventual e da qualificadora do motivo torpe. A motivação é própria de toda ação humana. Motivo sempre haverá, seja a ação dele decorrente punível ou não, a título de dolo, direto ou eventual, ou de culpa stricto sensu. Segundo os jurados,

---

[76] *Direito penal*, op. cit., p. 76.

o réu não agiu com o dolo direto de matar (embora tenha assumido o risco de provocar o resultado morte) mas, ainda, assim, agrediu a vítima, a pontapés e golpes de facão, de forma dolosa. E assim o fazendo, nada impedia a conclusão de que seu agir foi impulsionado por motivo torpe. *Hábeas-córpus* conhecido, mas denegado" (TJRS, *Habeas Corpus* nº 70010648871, Primeira Câmara Criminal, Tribunal de Justiça do RS, Relator: Ranolfo Vieira, Julgado em 16/02/2005).

Capítulo 8

DOLO E ERRO

8.1. Evolução do erro jurídico-penal

Durante muito tempo, a problemática do erro gravitou em torno dos conceitos de *erro de fato* e *erro de direito*. Quanto ao primeiro, dizia-se escusável, porque não se podia punir o agente que ignorasse as características do fato praticado. O erro de direito, porém, era inescusável – *error iuris nocet*, por presumir-se, como ainda hoje, a inescusabilidade do desconhecimento da lei. É como se tratava o problema do erro ao tempo da *teoria psicológica da culpabilidade*.

Salienta Cezar Roberto Bitencourt, porém, a necessidade de que se ignore a velha concepção romana de erro de direito e erro de fato, pois o erro de tipo abrange situações que, outrora, eram classificadas ora como erro de fato, ora como erro de direito. Pó outro lado, o erro de proibição, além de incluir situações novas (como, por exemplo, a existência ou os limites da legítima defesa), antes não consideradas, abrange uma série de hipóteses antes classificadas como erro de direito.[77]

Com a introdução do normativismo na culpabilidade, graças precipuamente ao pensamento de Frank, a culpabilidade centrou-se no *poder de agir conforme o direito*, operando profunda modificação na concepção do erro, pois

---

[77] Erro Jurídico-penal, *op. cit*, p. 47.

se o agente erra sobre o direito não pode agir de outro modo. O dolo passa a ser concebido numa dimensão normativa, envolvendo a compreensão jurídica na esfera do profano, ou seja, *a consciência da ilicitude*, de modo que, atuando o agente sem a consciência da ilicitude do fato, tem-se um erro de direito escusável, chamado *erro sobre a ilicitude* ou, simplesmente, *erro de proibição*.

Paralelamente, o avanço da teoria do tipo, com Beling, transmuda o chamado *erro de fato* em *erro sobre elemento do tipo* ou, simplesmente, *erro de tipo*, que atinge a representação do indivíduo e, por conseguinte, o dolo.

Dentro da *culpabilidade psicológico-normativa*, portanto, o dolo é composto de vontade, representação e consciência potencial da ilicitude. O erro, nesse caso, ou recai sobre a representação (erro de tipo) ou sobre a consciência da ilicitude (erro de proibição), atingindo o dolo de qualquer modo. Diante disso, fala-se numa *teoria unitária do erro*, pois este, seja de tipo ou de proibição, como visto, irá sempre repercutir no dolo.

Com o advento do finalismo, dolo e culpa são deslocados da culpabilidade, passando para o tipo penal. O dolo é natural, composto apenas de representação (elemento intelectual) e vontade (elemento volitivo), livre da consciência potencial da ilicitude (elemento normativo), que permanece na culpabilidade, agora com autonomia. Sobre a consciência da ilicitude incide o erro de proibição, atuando na culpabilidade. O erro de tipo, a seu turno, atua no dolo e, portando, na tipicidade. Fala-se, agora, na *teoria diferenciadora do erro*, já que o erro passa a afetar elementos distintos, ou seja, tipicidade (erro de tipo) ou culpabilidade (erro de proibição), conforme sua natureza.

8.2. Erro sobre elemento do tipo

O circo é o mundo da fantasia. Dimensão dos sonhos e das infâncias. Um mágico entra no picadeiro. Apresenta uma jovem e uma caixa. A jovem acomoda-se, apertadamente, dentro do artefato. A caixa é fechada, e uma dúzia de espadas é introduzida em suas paredes por todas as direções, tornando impossível a idéia de sobrevivência da jovem. A caixa se abre, as espadas se entrecruzam, e a mulher... desapareceu sem deixar vestígio!

Ilusão e mistério se fundem na instigação do imaginário.

Mas os mágicos não detêm o privilégio da ilusão. Desde a Antiguidade os homens observam o céu e, todos os dias, deparam-se com uma cena encantadora: o sol girando ao redor da terra. Sabe-se, hoje, que é a Terra que cumpre sua trajetória ao redor do *Astro Rei*. Uma perfeita ilusão divina, pela qual se lançaram homens às fogueiras.

O fenômeno é psicológico. A psicologia explica a falibilidade de nossas percepções. A complexidade dos fenômenos psicológicos da consciência permite identificar erros na percepção e na interpretação do mundo que nos rodeia e de circunstâncias do cotidiano. Estes defeitos, que ocorrem no plano da consciência da realidade ou na representação da realidade, são autênticos erros sobre a realidade (ver Capítulo 2, *supra*).

Quando, porém, se está diante de dados da realidade descritos num tipo penal, o fenômeno denomina-se *erro sobre elemento do tipo* ou, simplesmente, *erro de tipo*.

Ao descrever uma conduta criminosa, o tipo recolhe dados da realidade. É o que ocorre, por exemplo, no artigo 155, caput, do CP:

Art. 155 – *Subtrair, para si ou para outrem, coisa alheia móvel:*

Pena – reclusão, de 1 (um) a 4 (quatro) anos, e multa.

Se o indivíduo erra sobre algum dado dessa realidade descrita no tipo, esse erro assume relevância jurídico-penal e denomina-se *erro de tipo*.

O erro de tipo, portanto, nada mais é do que hipótese de atipicidade subjetiva por falta ou defeito de representação de algum dado existente no tipo penal. Na verdade, defeito e falta de representação se equivalem, acabando por comprometer o dolo, porque não se concebe dolo sem representação ou com representação defeituosa, pois o indivíduo deve ter perfeita consciência do seu comportamento e suas implicações. É o clássico exemplo do caçador que mata seu companheiro de caçada, por supor estar diante de um animal. A representação, nesse caso, é defeituosa, e o erro do agente se refere a um elemento do tipo penal do homicídio: *alguém* (pessoa humana).

Importa saber, então, se o agente poderia, com emprego de maior atenção, ter evitado o erro, atingindo a representação adequada.

Se era possível, ao agente, evitar o erro, tem-se que foi negligente no exame da situação, de sorte que o erro deriva de culpa. É o chamado erro evitável ou inescusável, que permite a punição por crime culposo, se previsto em lei. Se, todavia, o exame do fato não permitir vislumbrar negligência por parte do agente, considera-se o erro inevitável e, portanto, escusável. É o que diz o artigo 20 do CP, a saber:

> Art. 20 – *O erro sobre elemento constitutivo do tipo legal de crime exclui o dolo, mas permite a punição por crime culposo, se previsto em lei.*

A exclusão do dolo, segundo o dispositivo, decorre do fato de que não existe dolo sem um de seus elementos, qual seja, a representação. Mas pode existir culpa, desde que seja possível ao agente, com maior cuidado e diligência, compreender a integralidade do seu comportamento e vencer assim o erro. A ressalva "se previsto em lei" preserva o princípio da legalidade. Isto é, a punição por culpa depende de previsão legal, como ocorre com o homicídio. Diferente é o caso do furto, citado anteriormente, que não tem previsão culposa. Nesse caso, a evitabilidade do erro é irrelevante.

8.3. Erro sobre a ilicitude do fato

Não se confunde o erro de tipo com o chamado erro de proibição (erro sobre a ilicitude do fato), que ocorre por uma deformação da consciência ética do indivíduo, que o direito penal denomina *potencial consciência da ilicitude*.

Neste caso, o indivíduo desconhece, por erro, que seu comportamento está eivado de ilicitude. Suponha-se o indivíduo tosco que acha uma jóia na rua e, por ter sido ensinado, como tantos, que "achado não é roubado", assimilou a consciência de que é lícito apropriar-se de coisa achada. Não se trata de defeito de representação, porque o agente conhece perfeitamente as características da situação. O defeito ocorre no plano de seus valores, no conhecimento profano do direito ou, mais singelamente, na compreensão do certo e do errado. O agente deixa de ser responsabilizado, no caso, pelo crime do artigo 169, II, do CP, porque atua sem *consciência potencial da ilicitude*, que é elemento da culpabilidade.

Se, todavia, o agente puder ou tiver razões para suspeitar da ilicitude de seu ato, estará configurada a hipótese de erro de proibição evitável, inescusável ou vencível. Nesse caso, não se exclui a culpabilidade, mas esta fica atenuada, conforme dispõe o artigo 21 do CP.

O erro de proibição não se confunde com o desconhecimento da lei, por uma razão singela: o efetivo conhecimento da lei só é dado a indivíduos que a tenham estudado, como acontece com juristas ou determinados técnicos. Ora, para se conhecer uma lei é necessário, pelo menos, a leitura dela.

Um analfabeto certamente desconhece a lei, mas isto é irrelevante. Importa saber se ele conhece as proibições impostas por essa mesma lei. Assim, se um indivíduo analfabeto alega que desconhece a lei que proíbe o porte de armas, tal alegação é irrelevante. Todavia, dependendo do ambiente sócio-cultural em que o indivíduo sobreviva, como o meio rural, sem acesso aos meios de comunicação, onde seja comum o porte de arma de fogo, pode ganhar relevância a alegação de desconhecimento da ilicitude do fato de portar arma sem autorização, por ser possível reconhecer, numa circunstância de extrema desinformação, que falecia ao agente a potencial consciência da ilicitude.

8.4. Erro nas descriminantes

O erro pode ocorrer em relação a uma causa de exclusão da ilicitude, nas chamadas *descriminantes putativas*. É o exemplo do homem que, ouvindo um ruído, à noite, pensa que um ladrão está prestes a invadir sua residência e, pretendendo defender-se, atira no suposto agressor. Ao abrir a porta, transfixada pelos projetis, verifica ter atingido o próprio filho, que não encontrava a chave correta para destrancar a fechadura e por isso a forçava. Esta situação se ajusta ao art. 20, § 1º, do CP, *in verbis*:

§ 1º – É isento de pena quem, por erro plenamente justificado pelas circunstâncias, supõe situação de fato que, se existisse, tornaria a ação legítima. Não há isenção de pena quando o erro deriva de culpa e o fato é punível como crime culposo.

A primeira parte do dispositivo trata do erro escusável, inevitável ou invencível, isto é, *plenamente justificado pelas circunstâncias*. A parte final trata do erro que não é plenamente justificado pelas circunstâncias e, portanto, poderia ser evitado com maior cautela (erro evitável, vencível, inescusável).

Eis o que ocorre no exemplo citado, no plano subjetivo: matar alguém em legítima defesa. O erro, nesse caso, repousa no tipo permissivo, ou seja, na legítima defesa. Com efeito, não se altera o dolo em relação ao tipo incriminador "matar alguém". Este é, portanto, um crime doloso.

Esquematicamente, é assim que funciona:

tipo incriminador		tipo permissivo
MATAR ALGUÉM	em	LEGÍTIMA DEFESA
representação correta = dolo íntegro		representação errônea

Portanto, se o agente supõe situação de fato que, se existisse, tornaria a ação legítima (CP, art. 20, § 1º), não há comprometimento do dolo do tipo incriminador, pois o erro está no tipo permissivo. Assim, a prática de um crime em legítima defesa putativa, por exemplo, consubstancia um crime doloso. Conforme o artigo 20, § 1º, do CP, sendo invencível o erro, opera-se a isenção de pena; em se tratando de erro vencível, isto é, derivado de culpa, é aplicada a pena do crime culposo correspondente, se previsto em lei (culpa imprópria).[78]

Nesse caso, tem-se uma descriminante putativa por erro de tipo (permissivo), porque o agente erra sobre os pressupostos fáticos da causa de justificação, verificando-se defeito de representação que não compromete o dolo.

A situação se aplica, evidentemente, a todas as causas de exclusão da ilicitude.

Pode ocorrer, todavia, um defeito na compreensão ético-jurídica do agente, comprometendo sua consciência da ilicitude, vindo ele a supor que está autorizado a agir de determinada maneira. É o caso do camponês que recebe, do Delegado de Polícia local, permissão para andar armado. Embora o agente saiba que o porte de arma é proibido, supõe, por erro, a existência de uma descriminante, ou seja, a "autorização policial". Há um erro indireto sobre a ilicitude, isto é, um erro de proibição indireto, porque não incide na ilicitude do fato, mas numa excludente da ilicitude do fato. O mesmo ocorre quando o agente, desconhecendo os limites da descriminante, comete um excesso, por erro. O erro de proibição indireto, também chamado erro

---

[78] Trata-se de um equívoco do legislador. De fato, o erro de tipo permissivo consubstancia um crime doloso. Portanto, não há exclusão da tipicidade penal. Tampouco é possível falar em exclusão da ilicitude, pois a ofensa produzida é injusta, na medida em que, na legítima defesa putativa, por exemplo, ofende-se um inocente, já que não havia agressão (o mesmo se aplica às demais descriminantes putativas). Com efeito, a impunidade de um injusto doloso decorre do fato de que o erro invencível tornou inexigível outra conduta por parte do agente. Com isso, está correta a isenção de pena, já que não há culpabilidade. O legislador deveria ter seguido essa lógica no erro vencível, reduzindo a pena do agente, ao invés de puni-lo por crime culposo, causando tanto desconforto ao pensamento jurídico nacional. Na verdade, quis o legislador equiparar erro de tipo incriminador e erro de tipo permissivo: em ambos, o agente não responde pelo crime se o erro é escusável, mas responde a título de culpa se o erro for inescusável e houver previsão legal. Tal equiparação custou rigor científico ao direito penal brasileiro.

de permissão (não confundir com *erro de tipo permissivo*), tem a mesma disciplina do erro de proibição direto. Assim, se inevitável (escusável, invencível), isenta de pena; se evitável, poderá diminuí-la de um sexto a um terço (CP, art. 21).

Esse é o panorama da descriminante putativa segundo a *teoria limitada da culpabilidade*.

Imperioso lembrar, porém, que a *teoria extremada da culpabilidade* desconsidera a distinção entre erro de tipo permissivo e erro de proibição indireto (erro de permissão). Segundo esta teoria, qualquer erro sobre uma descriminante, quer ocorra sobre os pressupostos fáticos da causa de justificação, quer ocorra sobre a existência jurídica ou sobre os limites, deve ser considerado um *erro de proibição indireto*. Repita-se: diz-se indireto o erro de proibição porque não incide na conduta, mas na descriminante da conduta, que só existe na concepção do agente.

Malgrado dissensão doutrinária sobre o tema, o item 17 da Exposição de Motivos do CP deixa clara a adoção da teoria limitada da culpabilidade.

Assim, uma descriminante putativa pode decorrer de um erro de tipo permissivo ou de um erro de proibição indireto. Há erro de tipo permissivo quando, por defeito de representação, o agente erra sobre os pressupostos fáticos da descriminante. Por exemplo: o agente pensa que vai ser agredido e "reage". Há erro de proibição quando, embora não havendo erro quanto aos pressupostos fáticos, o agente, por defeituosa consciência da ilicitude, engana-se quanto à existência jurídica ou quanto aos limites da descriminante. Exemplo 1: o agente pratica eutanásia com autorização do paciente, supondo válida essa autorização como descriminante (erro sobre a existência). Exemplo 2: o agente vislumbra alguém apontando uma faca para outrem e reage, excedendo-se, sem conhecer, de fato, os limites da autorização legal para a reação (erro sobre os limites do instituto).

Portanto, segundo o CP, poderá haver descriminante putativa por erro de tipo permissivo, a resolver-se de acordo com o art. 20, § 1º, do CP, ou por erro de proibição indireto, disciplinado no art. 21.

Resumo:

ERRO	SEDE DO ERRO	CONFIGURAÇÃO	CONSEQÜÊNCIA
Erro de tipo (incriminador)	Ocorre na representação do agente	Ocorre sobre elemento do tipo incriminador	Inevitável: exclui o dolo Evitável: punição por crime culposo, se previsto em lei
Erro de tipo permissivo (descriminante putativa por erro de tipo)	Ocorre na representação do agente	Erro sobre os pressupostos fáticos da causa de justificação (tipo permissivo), sem excluir o dolo do tipo incriminador, portanto.	Inevitável: isenta de pena Evitável: punição por crime culposo, se previsto em lei (culpa imprópria)
Erro de proibição (direto)	Ocorre na consciência potencial da ilicitude	Erro sobre a ilicitude do fato	Inevitável: isenta de pena Evitável: redução de pena (1/6 a 1/3)
Erro de proibição indireto ou erro de permissão (descriminante putativa por erro de proibição)	Ocorre na consciência potencial da ilicitude	Erro sobre a existência jurídica ou sobre os limites da causa de justificação (não se confunde com *ignorantia legis*)	Inevitável: isenta de pena Evitável: redução de pena (1/6 a 1/3)

8.5. Erro nos crimes omissivos

Conforme adverte Johannes Wessels, o objeto do dolo nos crimes omissivos impróprios é a totalidade dos elementos que preenchem o tipo objetivo, incluindo as circunstâncias fundamentadoras do dever de garantidor. Assim, o erro acerca da posição de garantidor é um erro de tipo, enquanto o erro quanto ao dever de garantidor é um erro de proibição.[79]

Suponhamos o seguinte:

1. Um homem percebe que uma criança é deixada na lata do lixo e se omite diante desse fato por desconhecer que é seu próprio filho que está sendo abandonado. Tra-

---
[79] *Direito penal (aspectos fundamentais)*, Porto Alegre: Fabris, 1976, p. 166.

ta-se de erro de tipo, pois o agente não sabe que está na posição de garantidor.

2. O indivíduo que, sabendo que é pai, mas por não haver registrado a criança, ignora que tem o dever de socorrê-la, incorre, ao se omitir, em erro de proibição.

8.6. Erro acidental

Erro acidental é aquele que não compromete a representação intelectual dos elementos do tipo e, portanto, não desconfigura o dolo. É o que ocorre, por exemplo, no *erro de pessoa*, previsto no art. 20, § 3º, do Código Penal:

> *§ 3º – O erro quanto à pessoa contra a qual o crime é praticado não isenta de pena. Não se consideram, neste caso, as condições ou qualidades da vítima, senão as da pessoa contra quem o agente queria praticar o crime.*

Assim, se um traficante deseja matar um de seus clientes devedores e, por pensar tratar-se dessa pessoa, mata o irmão gêmeo dela, incorreu em falsa representação quanto à pessoa, mas isto é irrelevante para a tipicidade, que se refere a alguém, ou seja, a qualquer pessoa.

O erro é acidental, e o agente responde pelo crime de homicídio qualificado por motivo torpe, pois deve ser levada em conta a pessoa que o agente pretendia, de fato, atingir. No exemplo, como o agente queria matar em razão de dívida do tráfico, o homicídio é qualificado por motivo torpe.

8.7. Erro de execução

Também chamado de *aberratio ictus*. É um erro na exteriorização da conduta. O agente representa certo, mas executa errado. Está previsto no artigo 73 do Código Penal e influencia a aplicação da pena.

Segundo dispõe o Código Penal, o agente responde por crime único quando uma única pessoa é atingida (*vítima real*), ficando ilesa a pessoa visada (*vítima virtual*). Trata-se de *aberratio ictus* de unidade simples, em que, ao invés de se responsabilizar o agente por tentativa de homicídio contra a vítima virtual e crime culposo quanto à vítima real, o agente será punido como se tivesse atingido a pessoa visada, de acordo com a regra do erro de pessoa (CP, art. 20, § 3º).

Diversa é a situação de quem atinge a pessoa visada e terceiro(s), no chamado *aberratio ictus* de unidade complexa. Nesse caso, aplica-se a regra do concurso formal (CP, art. 70), impondo-se a pena do crime mais grave, aumentada de 1/6 até metade, variando o acréscimo na proporção do número de vítimas.

Questão importante surge quando o agente, desejando atingir pessoa determinada, assume o risco de atingir pessoa diversa (ou mais de uma), caso em que deve ser observada a parte final do artigo 70 (concurso formal impróprio), que determina a adoção do critério do *acúmulo material* (soma de penas) em caso de desígnios autônomos. Ex.: A quer matar B em praça pública. Percebendo a proximidade de outras pessoas (C e D) e não confiando na sua pontaria, dispara contra B, vindo atingir B e C. O agente age com dolo direto em relação a B e dolo eventual em relação a C, devendo responder por ambos os resultados, em concurso formal impróprio, em face dos desígnios autônomos.

8.8. Resultado diverso do pretendido

Trata-se do chamado *aberratio criminis*, previsto no artigo 74, que constitui espécie de erro de execução. Também não se refere ao dolo, pois é um defeito na exteriorização da conduta corretamente representada.

8.9. Erro sobre o nexo causal (*aberratio causae*)

Também chamado de dolo geral, ocorre quando o agente, pensando ter aperfeiçoado a causalidade proposta, acaba, por erro, precipitando outro desdobramento causal. Assim, se o agente, pensando ter matado a tiros seu desafeto, lança-o da ponte, vindo a vítima a morrer por traumatismo craniano, não resta excluído o dolo da conduta, porque não é relevante o erro sobre o desdobramento causal.

8.10. Delito putativo

Ocorre quando o agente supõe estar praticando um crime, mas, na verdade, comete um irrelevante penal. O agente pensa estar portando cocaína quando, na verdade, trata-se de talco. Não há que se falar em dolo, por falta de adequação típica objetiva da conduta.

É o caso, também, em que se simula uma situação delitiva para que alguém seja preso em flagrante (delito de ensaio ou flagrante preparado).

8.11. Jurisprudência

1. Erro de tipo: "Embora de difícil configuração concreta, o erro sobre a idade da ofendida é juridicamente relevante porquanto baseado no art. 20, caput do Código Penal (erro de tipo). Recurso conhecido, mas não provido" (Recurso Especial nº 80249/RJ, STJ, Rel. Min. Felix Fischer. Recorrente: Cristiane Dalmas Faria – menor púbere. Recorridos: Ministério Público do Estado do Rio de Janeiro e Alexandre Teixeira da Rocha. Assistido por: Jorge Roberto da Mota Faria. j. 24.02.97, un., DJU 07.04.97, p. 11.140).

2. Erro de tipo: "Se o agente, completamente embriagado se apossa de uma bicicleta que não lhe pertence, ocorre o que o Código Penal, na redação imposta pela Lei 7.209, chama 'erro sobre elemento do tipo', pois a ciência de que se trata de *res aliena* é essencial à caracterização do dolo" (RT 591/355).

3. Erro de tipo: "Lesão corporal – Erro de tipo – Caçador que, pensando disparar contra a caça, atinge companheiro de expedição – Cautelas normais não observadas pelo acusado antes do disparo – imprudência evidenciada – Erro evitável, previsível o evento – Responsabilização por culpa – Condenação mantida – Inteligência do art. 129, par. 6, do CP – Voto vencido" (RT663/300-301).

4. Erro de tipo: "Erro de fato[80] – Agente que serve bebidas alcoólicas a menor – Razoável dúvida quanto à idade da vítima, por seu físico avantajado – Menor que já estivera no mesmo estabelecimento, acompanhado de seu genitor, servindo-se – Reconhecimento – Absolvição" (JTACRSP, 80/325).

5. Erro de tipo: "Crime contra a saúde pública – Posse de entorpecente – Acusado preso em flagrante quando trazia consigo galho verde de maconha – Afirmação de que pretendia preparar remédio para o rim, conforme lhe haviam aconselhado – Acolhimento da alegação – Operário de condição modesta e sem antecedentes criminais – Erro de fato ou de tipo configurado – Absolvição – Inteligência dos artigos 16 da Lei 6.368 e 20 do CP" (RT 606/327).

6. Erro de tipo: "Mensalidades escolares – Lei de economia popular – Dolo não caracterizado – Medida provisória 183/90 convertida na Lei 8.039/90 – Resolução de 24.05.1990 da Secretaria de Educação complementadora das normas sobre a matéria, nos termos do artigo 20 da

---

80 Esta ementa utiliza a ultrapassada dicotomia *erro de fato-erro de direito*.

Lei 1521/50 – Tabela Oficial de Preços fixada pelo administrador – Transgressão não evidenciada porque a mensalidade foi fixada em valores inferiores ao permitido – Divergência quanto ao sentido das normas às mensalidades escolares contidas em deliberações do Conselho Estadual de Educação – Erro quanto a elemento constitutivo do tipo, com descaracterização do dolo, pela impossibilidade de se afirmar o conhecimento efetivo da norma penal em branco – Excesso na edição de normas e índices que dificultaram a aplicação correta do valor das mensalidades escolares. Absolvição decretada" (TACRIM, 2ª Câm., Ap. 848.795-9, Pirassuninga, Rel. Rulli Júnior).

7. Erro de tipo: "Se o erro em que incidiu o acusado não está plenamente justificado pelas circunstâncias, mas derivou de culpa e o fato é punível a título culposo, deve responder pelo evento" (TACRIM-SP – AC – Rel. Prestes Barra – RT 501/308).

8. Erro de tipo permissivo – descriminante putativa: "Para o acolhimento da legítima defesa putativa não basta o dizer do agente de haver pensado ou entendido estar em face de agressão atual e injusta da vítima. Mister se torna que atos e fatos se juntem na ocasião do evento, permitindo a suposição errônea dessa situação, que, se verdadeira, permitiria a reação empreendida" (TJSP – AC – Rel. Onei Raphael – RT 565/313).

9. Erro de proibição: "Aquele que ignora a lei não se exime de pena pelo só fato dessa ignorância. Todavia, se atuou com falta de consciência da ilicitude, poderá eximir-se de pena. O réu, morador de zona rural, com apenas 21 anos de idade, simples, rude, não poderia ter consciência da ilicitude de seu ato, como capaz de infringir o artigo 219 do CP e compreender que a sua conduta estava ferindo o pátrio-poder" (RJTJSP, 94/442).

10. Erro de proibição: "É de se reconhecer o erro sobre a ilicitude do fato, em termos inevitáveis, justificando-se a isenção de pena (art. 3386, V, do CPP), na conduta de mãe que, ante sua pouca idade e o fato de ser simplesmente alfabetizada, quando, ao visitar seus filhos, que estavam sob a guarda de terceiros, leva-os consigo" (RT 630/315).

11. Erro de proibição: "A ignorância quanto à imprescindibilidade da devida autorização para guiar lanchas em águas públicas é subsídio elidente da consciência da antijuridicidade" (TACRIM – AC 312.307 – Rel. Ricardo Andreucci).

12. Erro de proibição: "O ônus da prova de causa da ocorrência do erro de proibição compete ao acusado. Não é razoável supor que uma pessoa que há três meses viaja ao Paraguai para fazer compras, desconheça a norma proibitiva de trazer mercadorias acima da cota estabelecida sem o pagamento dos tributos devidos. Apelação criminal improvida " (Apelação Criminal nº 940442822-1/SC, TRF da 4ª Região, Rel. Juíza Tania Escobar, j. 28.09.95, un.).

13. Erro de proibição: "Erro de proibição. Reconhecimento em *habeas corpus* – Crime contra o estado de filiação – Art. 242 do CP – Ato praticado por motivo de reconhecida pobreza e não ocultado pelo agente que desconhecia a antijuridicidade de sua conduta – Reconhecimento do erro de proibição" (CP, art. 21) (RT 680/339).

14. Erro de proibição: Crime contra a Administração Pública – Parcelamento do solo urbano com infração à Lei 6.766/79 – Erro inevitável sobre a ilicitude do fato – Acusado homem rude – Intensa colaboração da Prefeitura na execução das obras incriminadas, pressupondo expressa autorização do Poder Público competente, ainda que não revestida de formalidade, por ausência de lei municipal a respeito – Absolvição confirmada – Aplicação do artigo 21 e parágrafo único do CP (RT 656/274).

15. Erro de proibição: CASA DE PROSTITUIÇÃO. Configura-se o crime quando o réu mantém dependência anexa com quartos para a prostituição de mulheres que vivem no mesmo estabelecimento de quem recebe dinheiro pelo uso do quarto e fornecimento de preservativos. ERRO DE PROIBIÇÃO. É admitido, jurisprudencialmente, apenas quando o estabelecimento está situado em zona de meretrício e funciona com o conhecimento da comunidade e da polícia. RUFIANISMO. Pressupõe habitual e direta participação nos ganhos ou habitual sustento, total ou parcial, do agente, pela prostituta. "Deram parcial provimento para condenar pelo crime definido no art. 229 do CP" (TJRS, Apelação Crime nº 698158342, 7ª Câmara Criminal, Uruguaiana, Rel. Des. José Antônio Paganella Boschi. j. 08.10.98, DJ 15.01.99, p. 09).

16. Erro de proibição: "A comercialização de rifa sem conotação de pratica profissional reiterada e perniciosa, a denotar incerteza quanto a consciência da ilicitude do fato, constitui erro escusável, inserindo-se tal conduta na exceção prevista no Art. 21 do CP" (TAMG, Apelação nº 157211-8, 2ª. Câmara Criminal, Ouro Preto, Rel. Juiz Alves de Andrade, Unânime, 17.08.93, DJ 19.05.94 E RJTAMG 52/386 09.09.94010492).

Capítulo 9

DOLO EVENTUAL E CULPA CONSCIENTE

9.1. O comportamento humano

Toda conduta humana se reveste de liberdade. Esta se baseia na nossa capacidade de compreensão de nossos objetivos e na capacidade de controlarmos, pela vontade, o emprego dos meios para atingi-los. Daí que realizações decorrentes de nossa representação e de nossa vontade são a regra, pois não se pode presumir que *o homo sapiens* não seja capaz de idealizar seus objetivos e realizá-los segundo sua vontade. Todas as nossas realizações partem de uma estrutura interna indiscutível, assim dividida:

a) idealização: antes de realizarmos algo, nossa mente encarrega-se de visualizar o resultado pretendido e os meios necessários à realização;

b) vontade: nenhuma idéia sai da mente sem que a vontade movimente o corpo no sentido da realização.

Mesmo nos atos mais impulsivos essa estrutura está presente. O homem pensa e, depois, age. Não se faz, senão aquilo que se cogitou. O direito penal reconhece tal estrutura quando define o *iter criminis: cogitação*, preparação, execução, consumação e exaurimento.

Assim, toda análise comportamental deve, antes de mais nada, partir de uma premissa fundamental: os seres humanos agem segundo suas idealizações e impulsos volitivos. Presumir o contrário seria rotular o indivíduo com o dístico da imbecilidade.

9.2. O dolo eventual

O dolo eventual, também chamado *dolo condicionado*,[81] constitui modalidade de conduta em que o agente representa o resultado, mas não o quer diretamente. Sem embargo, orienta sua vontade em direção ao resultado, aceitando as conseqüências do seu ato. Já dissemos, com Beling, citado por Sebastián Soler,[82] que não só está em dolo quem diretamente quis o resultado, mas também quem *não não o quis*.[83]

A lei adota, para o dolo eventual, a seguinte fórmula simplista: *assumir o risco de produzir o resultado* (CP, art.18, II, segunda parte), consagrando, pois, a chamada *teoria do consentimento (assentimento)*.

De Nélson Hungria, extrai-se que, ao definir o dolo eventual, o Código Penal inspirou-se na fórmula preconizada pela comissão incumbida pelo projeto de reforma do direito penal alemão, no sentido de que "também age dolosamente aquele que prevê apenas como possível o resultado, mas consciente do risco de causá-lo".[84]

Costuma-se adotar o critério expresso por Frank, na sua *teoria positiva do consentimento*, segundo a qual, no dolo eventual, o agente afirma, para si mesmo, "haja o que houver, dê no que der, eu vou agir".

Conforme assentam Zaffaroni e Pierangeli:

---

[81] Adverte Claus Roxin que essa denominação é incorreta, pois o dolo, como vontade de ação realizadora do plano, precisamente não é *eventual* ou *condicionado*, mas, ao contrário, *incondicional*, porquanto o agente quer realizar seu projeto a qualquer preço, ainda que seja a realização do tipo, ou seja, sob qualquer eventualidade ou condição (*op. cit.*, p. 426).

[82] Derecho penal argentino, *op. cit.*, p. 128.

[83] *Apud* Sebastián Soler, Derecho penal argentino, vol. 2, Buenos Aires: Tipográfica Editora Argentina, 1992, p. 128.

[84] *Op. cit.*, p. 116.

"O dolo eventual, conceituado em termos correntes, é a conduta daquele que diz a si mesmo 'que agüente', 'que se incomode', 'se acontecer, azar', 'não me importo'. Observe-se que aqui não há uma aceitação do resultado como tal, e sim sua aceitação como possibilidade, como probabilidade".[85]

Assim, o dolo eventual é um ato de decisão do agente que, prevendo a possibilidade de produzir o resultado, decide (aceita) correr o risco de produzi-lo. Segundo Julio Fabbrini Mirabete, age também com dolo eventual o agente que, na dúvida a respeito de um dos elementos do tipo, se arrisca em concretizá-lo, como quem, na dúvida sobre a idade de uma jovem, que é menor de 14 anos, com ela mantém conjunção carnal ou pratica outro ato libidinoso.[86]

São exemplos de dolo eventual, citados pela doutrina, entre outros: o motorista que avança com o automóvel contra uma multidão, porque está com pressa de chegar ao seu destino, aceitando o risco da morte de pedestres; os ciganos que mutilavam as crianças da tribo, para que esmolassem, causando-lhes a morte por infecção; médico que ministra medicamento que sabe poder conduzir à morte o paciente, apenas para testar o produto; agente que desfere pauladas na vítima, a fim de com ela manter relações sexuais, estuprando-a em seguida e provocando-lhe a morte em virtude dos golpes; atirar em outrem para assustá-lo; atropelar ciclista e, em vez de deter a marcha do veículo, acelerá-lo, visando arremessar ao solo a vítima que caíra sobre o carro; dirigir caminhão, em alta velocidade, na contramão, embriagado, batendo em automóvel que trafegava regularmente e matando três pessoas; praticar roleta russa; participar de "racha", causando a morte;[87] o caçador dispara a arma contra o animal que passa em frente a um grupo de árvores onde acaba de penetrar o seu companheiro de caça, prevendo, embora, que esse

---

[85] *Op. cit.*, p. 498.
[86] Manual de direito penal, v.1., São Paulo: Atlas, 1997, p. 137.
[87] Cf. MIRABETE, Julio Fabbrini, *op. cit.*, p. 137.

possa ser atingido pelo projétil; o agente que desfecha um tiro na vítima, apesar de prever que a bala possa atingir também a criança que ela tem ao regaço,[88] etc.

9.3. A culpa consciente

A culpa, já o dissemos, constitui modalidade excepcional de comportamento, em que o resultado se desenvolve em descompasso com a representação e com a vontade do agente,[89] que, por descuido – violação do dever objetivo de cuidado – produz um resultado danoso que não foi alcançado por sua representação e por sua vontade. Importante, na culpa, é que o resultado não esteja fora do alcance da representação e da vontade. Se estiver, trata-se de caso fortuito ou de força maior. Na culpa, então, o resultado pode ser alcançado subjetivamente pelo agente, mas este não o alcança.

No crime culposo, como regra, o agente não representa o resultado e, por isso, não tem condições de querer ou deixar de querê-lo. Ninguém pode querer ou deixar de querer algo que não cogitou, porque a idealização condiciona a vontade. Então, na culpa, como regra, a representação e, por conseguinte, a vontade, divergem do resultado.

A *contrario sensu*, se o agente consegue representar o resultado, a sua vontade tem condições de buscá-lo ou não. Quando a vontade dirige-se, direta ou indiretamente, ao resultado que o agente representou, estão satisfeitas as condições intelectuais e volitivas do crime doloso. Assim, no dolo, vontade e representação convergem para o resultado.

Mas quando o agente representa o resultado, e sua vontade, numa circunstância excepcional, não se dirige, sequer indiretamente, ao que foi representado, não é pos-

---

[88] Cf. BRUNO, Aníbal, *op. cit.*, p. 73.
[89] Sobre a excepcionalidade do crime culposo, vide Capítulo 3.

sível falar em dolo, pela falta do elemento volitivo. Tem-se um descompasso entre representação e vontade: enquanto a representação converge para o resultado, a vontade diverge do mesmo.

Em regra, no direito penal de matriz finalista, em que prevalece o desvalor da intenção, não haverá responsabilidade penal na culpa, a menos que o agente tenha produzido o resultado previsto em virtude de ter conduzido mal o comportamento. Veja-se que dirigir mal o comportamento não significa dirigi-lo para o mal.

Surge, assim, uma hipótese ainda mais excepcional de culpa, que se denomina culpa consciente. Explica-se: a culpa é excepcional porque é da essência dos seres humanos a capacidade de prever riscos e, em os prevendo, evitá-los, sendo que, na culpa, o ser humano não exerce sua capacidade de previsão do previsível, causando um mal que poderia evitar com maior diligência; pois bem: *a culpa consciente é mais excepcional porque é quase inconcebível que alguém, tendo efetivamente previsto o risco oriundo do comportamento, prossiga nele sem vontade.*

Adverte Aníbal Bruno que "a forma típica da culpa é a culpa inconsciente, em que o resultado previsível não é previsto pelo agente".[90] E arremata o preclaro mestre: "A culpa com previsão representa um passo mais da culpa simples para o dolo".[91]

Ora, se o agente representa o resultado, ingressa no plano reservado ao dolo, porque sua vontade tem condições de orientar-se finalisticamente em direção ao que foi idealizado, desviando-se ou não do crime. Muito excepcionalmente, porém, é possível admitir que alguém, mesmo com a consciência do resultado, não tenha agido com dolo: quando for possível afirmar, com boa margem de certeza, que o agente não orientou sua vontade para o resultado. Se a vontade não se orientou para o resultado não se pode falar em dolo, remanescendo, então, a espécie subsidiária excepcionalíssima da culpa com previsão.

---

[90] *Op. cit.*, p. 92.
[91] *Idem, ibidem.*

Costuma-se dizer que, na culpa consciente, o agente confia que o fato por ele previsto não irá acontecer. O agente age convicto de que o resultado previsto não acontecerá.

Adverte Claus Roxin, todavia, que não se pode confundir *confiança* com mera *esperança*.

> "Com esta reserva se pode dizer que há que afirmar o dolo eventual quando o sujeito conta seriamente com a possibilidade de realização do tipo, mas apesar disso segue atuando para alcançar o fim perseguido, e se resigna assim – seja de boa ou má índole – à eventual realização de um delito, se conforma com ela. Em contrapartida, atua com culpa consciente quem adverte a possibilidade de produção do resultado, mas não a leva a sério e, em conseqüência, tampouco se resigna a ela em caso necessário, e sim confia, negligentemente, na não realização do tipo. A respeito, é preciso distinguir entre a "confiança" e uma mera "esperança". Quem confia – amiúde por uma supervaloração da própria capacidade de dominar a situação – em um desenlace exitoso não toma seriamente em conta o resultado delitivo e portanto não atua dolosamente. Sem embargo, quem leva a sério a possibilidade de um resultado delitivo e não confia em que tudo sairá bem pode, em qualquer caso, seguir tendo a esperança de que a sorte esteja a seu lado e não aconteça nada. Esta esperança não exclui o dolo quando, a par dela, o sujeito deixa que as coisas sigam seu curso".[92]

Clássico é o exemplo do atirador de facas que, no picadeiro, arremessa punhais contra sua mulher. Embora tenha representação de atingi-la, o artista circense confia na sua destreza, não se podendo pensar que esteja aceitando o risco de ferir o ente querido. Assim, a menos que esteja pretendendo mascarar o dolo direto de ferir sua esposa, não se dirá que o atirador de facas age com dolo, e sim com culpa consciente.

---

[92] *Derecho Penal*, op. cit., p. 427.

Resumindo, se não há previsão (representação), não pode haver dolo; se há previsão, a hipótese é dolosa, a menos que se conclua que o agente, tendo previsto o resultado, orientou sua vontade em sentido diverso da previsão. Esquematicamente, pode-se imaginar o seguinte:

DOLO	CULPA INCONSCIENTE	CULPA CONSCIENTE
Representação e vontade convergem para o resultado	Representação e vontade divergem do resultado	Representação convergente e vontade divergente do resultado

9.4. O problema da distinção

Do ponto de vista estrutural, dolo eventual e culpa consciente divergem, apenas, no plano volitivo, já que, em ambos, faz-se presente o elemento intelectual, ou seja, a representação.

Todavia, em termos práticos, tão problemática é a distinção entre dolo eventual e culpa consciente que já se propôs a equiparação de ambos numa categoria autônoma, situada entre o dolo e a culpa, a exemplo da figura jurídica angloamericana da *reckleness*.[93]

Tal dificuldade repousa no fato de que a mente humana é insondável. Enquanto um jurista não for capaz de ingressar nos recônditos psíquicos, jamais estará na posse da verdade ao afirmar, taxativa e categoricamente, que determinada hipótese trata de dolo eventual ou culpa consciente. Na verdade, tratados inteiros de psicologia e psiquiatria são insuficientes para descortinar a verdadeira natureza desses complexos fenômenos psíquicos. É por ingenuidade ou vaidade que operadores do direito tentam, em vão, fazê-lo, sem nenhuma base científica.

Seja como for, o certo é que vontade e representação, como fenômenos subjetivos, estão muito mais ligados às ciências da subjetividade do que ao direito, sendo que ao jurista cumpre reconhecer sua limitação epistemológica,

---
[93] Cf. Claus Roxin, *Derecho penal*, op. cit., p. 447.

ao invés de assenhorear-se de objetos que não são seus. Com efeito, pode o jurista aproveitar-se desses fenômenos, não transmudá-los ao sabor de suas divagações hermenêuticas. Um fenômeno psíquico não pode ser definido legalmente de forma simplista e fechada, tampouco comporta interpretações de índole reducionista. Juarez Cirino dos Santos, tratando do modelo negativo de comportamento humano, enfatiza:

> "Não obstante a honestidade de propósitos, parece impróprio reduzir os conceitos fundamentais da psicanálise aos limites funcionais do conceito de ação (ou de ação típica): as categorias psicanalíticas contêm um potencial teórico-explicativo criminológico que transcende os limites do conceito de ação (ou de ação típica) para tentar apreender o sentido concreto das ações humanas na plenitude do significado incorporado pelos atributos do conceito de crime".[94]

De efeito, é importante salientar que só o autor do fato incriminado, senhor da própria subjetividade, sabe e pode saber com certeza absoluta se representou o resultado e se orientou para ele sua vontade. Mas não podem os operadores do direito criminal ficar reféns da palavra do acusado a respeito do elemento intencional, pois, como é cediço, o réu apenas raramente confessa.[95] Disso resulta o hercúleo esforço argumentativo em torno de casos concretos, em que se deve buscar, nas circunstâncias do fato, indicativos de dolo ou culpa.

No aspecto eminentemente teórico, o que se têm são critérios legais e não definições axiomáticas. Aliás, sequer a lei define a culpa consciente, limitando-se a fixar o dolo eventual como a situação em que o agente *assume o risco de produzir o resultado*.

Ensina Fernando de Almeida Pedroso:

> "Elemento de natureza interna e subjetiva, o *animus* (intenção) que conduz o agente ao crime, por obter nas-

---

[94] *Apud* Daniela de Freitas Marques, *op. cit.*, p. 72.
[95] Sobre o tema, consultar Luigi Battistelli, *A mentira nos tribunais*, Coimbra editora, p. 30-31.

cedouro nos recônditos de sua alma e na sua indevassável mente e inexplorável pensamento, assume-se como dado de difícil perquirição e dificultosa constatação".[96]

A inquietação sobre o tema gerou inúmeras teorias (Capítulo 4, *supra*). Os critérios mais conhecidos são os de Frank, a saber:

a) teoria hipotética do consentimento, pela qual a previsão do resultado somente não constitui dolo, se a previsão do mesmo resultado como certo não teria detido o agente, isto é, não teria tido o efeito de um decisivo motivo de contraste;

b) teoria positiva do consentimento, critério amiúde aceito, pelo qual o agente age com dolo se diz a si próprio: seja como for, dê no que der, em qualquer caso, não deixo de agir.[97]

Na verdade, as teorias pouco ajudam no enfrentamento de tão intrincado problema. A legislação, tampouco.[98]

Dolo eventual e culpa consciente têm um traço comum: representação do resultado. Distinguem-se, porém, quanto ao elemento volitivo. Enquanto no dolo o agente assume o risco de produzir o resultado, na culpa consciente, ao contrário, o agente acredita na não-produção.

---

96 Pedroso, Fernando de Almeida. *Prova penal*. Rio de Janeiro: Aide, 1994, p. 103.

97 Cf. Nelson Hungria, *Comentários...*, *op. cit.*, p. 113.

98 "O fato é que, ao contrário do que a doutrina brasileira ainda costuma pensar, *a lei não resolveu nada*. Isso porque as palavras que a lei usa – o assumir o risco da produção do resultado – são *ambíguas*, podem ser compreendidas tanto no sentido de uma teoria meramente cognitiva, que trabalha tão-só com a consciência de um perigo qualquer, como no sentido de uma teoria da vontade, a qual pode ser a teoria da anuência, como qualquer outra. E a proa disso é que um dos maiores e mais importantes críticos de qualquer visão do dolo sempre como vontade, um defensor da teoria da possibilidade, alguém que considerava, portanto, suficiente que o autor reconhecesse o resultado como possível, dizia inexistir qualquer culpa consciente, pois se há consciência, há dolo ('toda culpa é culpa inconsciente'), Horst Scröeder, em seu clássico estudo na Festschrift em homenagem a Sauer utiliza várias vezes a expressão do assumir o risco (*Inkaufnahme des Risikos*) para caracterizar o dolo." (Cf. Luís Greco, algumas observações introdutórias à "Distinção entre Dolo e Culpa", de Ingeborg Puppe, Barueri, São Paulo: Manole, p. XVII).

É certo dizer que, na culpa consciente, o agente não corre riscos. Imagina que, em virtude de sua habilidade, estes não existem. No dolo eventual, ao contrário, o agente aceita correr o risco inerente ao comportamento.

Figurem-se os seguintes exemplos:

1. A, pretendendo ultrapassar um sinal fechado, percebe a aproximação de um veículo com preferência, mas calcula que é capaz de atravessar a artéria preferencial. Nesse caso, o risco só existe objetivamente, pois, subjetivamente, o agente o rejeita. Há culpa consciente.

2. A percebe a aproximação do veículo e, na dúvida se conseguirá ultrapassar a artéria preferencial, opta pela travessia. Nesse caso, o risco existe objetiva e subjetivamente, pois o agente age na dúvida, preferindo correr o risco. Há dolo eventual.

Eis o traço distintivo fundamental: na culpa consciente, o agente tem a crença (equivocada) da não produção do resultado; no dolo eventual, o agente age na dúvida, optando por correr o risco.[99]

Ora, quem prevê o risco de seu comportamento deve orientar-se em sentido diverso desse risco. Essa é uma característica básica da espécie humana, vinculada ao primário instinto de sobrevivência: somos capazes de prever riscos e, em os prevendo, fugir deles. Assim, quem prevê risco para si ou para outrem é capaz de agir para evitar o risco. Se não o faz, age dolosamente, a menos que, por erro, tenha tido a crença de que era capaz de evitá-lo.

Assim, enquanto no dolo direto o agente quer e a sua vontade busca o resultado, no dolo eventual o agente não quer o resultado (se quisesse, seria direto o dolo), mas realiza conduta que sabe ser adequada à sua produção. Ex.: querendo testar uma arma recém adquirida, o agente dispara a esmo em região povoada, sabendo que tal conduta é adequada para ferir alguém.

Tal exemplo encontra arrimo na lição de Hans Welzel:

---

[99] Nélson Hungria assinala o egoísmo para o dolo eventual e a leviandade para a culpa consciente (op. cit., p. 112).

"O dolo penal tem sempre duas dimensões: não é somente a vontade *tendente* à concretização do fato, mas também a vontade *apta* para a realização do fato".[100]

Na culpa consciente, o agente prevê o resultado e não o quer, empregando meios que supõe inadequados à sua produção. É justamente essa equivocada suposição que transtorna a vontade e impede a configuração do dolo, a despeito da representação. Ex.: atirador de elite que atira no seqüestrador, supondo seriamente que não vai ferir a vítima (representação negativa), o que, todavia, acontece por apreciação equivocada das circunstâncias.

Veja-se que, em se tratando de um atirador de elite, altamente treinado, portanto, as circunstâncias permitem concluir que ele não quis ou assumiu o risco de produzir o resultado. Nem sempre, porém, as circunstâncias são assim tão eloqüentes. A dúvida intransponível deve favorecer o agente, mas isto está longe de significar que se deva presumir a culpa, pois esta, como já ficou assentado, é exceção.

Esquematicamente, eis a configuração:

ESPÉCIE	REPRESENTAÇÃO	VONTADE
Dolo eventual	Com previsão	Não quer o resultado, mas age na dúvida, aceitando correr o risco
Culpa consciente	Com previsão	Não quer o resultado e age na crença (equivocada) de que o resultado não se produzirá

9.5. Síntese necessária

Não é tranqüila a distinção entre dolo eventual e culpa consciente em termos práticos, pois implica discutir questões da subjetividade humana.

A fórmula legal adota a teoria do consentimento para o dolo eventual (CP, art. 18, I), mas não disciplina a culpa consciente, que se inclui na fórmula geral de imprudência,

---

100 *Op. cit.*, p. 119.

negligência ou imperícia (art. 18, II). Com efeito, pelo prisma jurídico, age com dolo eventual quem assume o risco de produzir o resultado (CP, art. 18, I). A culpa consciente emerge da exclusão do dolo eventual, isto é, na conduta de quem não assumiu o risco de produzir o resultado. A doutrina recorre à fórmula de Frank: "haja o que houver, dê no que der, eu vou agir" (teoria positiva do consentimento).

Conforme assentado, a lei e a teoria pouco ajudam na distinção, pois consentir ou não com a produção do resultado está longe de permitir a exata compreensão do dolo, que não se confunde com o estado emocional do agente em relação ao evento. De fato, o agente pode não só rejeitar o resultado como lamentá-lo e, ainda assim, agir com dolo. É o caso do médico que mata o paciente em cirurgia de alto risco absolutamente necessária (Capítulo 4, *supra*).

Dolo eventual e culpa consciente assemelham-se no plano psicológico, pois em ambos há previsão do resultado. Não há dolo, porém, quando o agente tem convicção (equivocada) de que pode evitar o resultado. Surge um caso excepcional de culpa com previsão. Ao reverso, existe dolo quando o agente age na dúvida, resolvendo correr (assumir) o risco.

Não é possível presumir a culpa consciente, pois a culpa, por si só, é figura excepcional. Será mais excepcional a culpa se houver previsão, pois é característica da espécie humana sua capacidade de evitar o perigo para si e para outrem.

9.6. Jurisprudência

1. Dolo eventual: "A contrariar a tese defensiva, existem testemunhas a indicar que o acusado não agia em legítima defesa, mas ao contrário, com dolo eventual, na medida em que, ao arremessar pedra contra a cabeça da vítima pretendendo feri-la, assumiu o risco de causar-lhe a morte, o que acabou ocorrendo. O corolário lógico, portanto, é a pronúncia. Recurso improvido em decisão unânime" (Recurso em Sentido Estrito nº 70008771834, Terceira Câmara Criminal, Tribunal de Justiça do RS, Relator: José Antônio Hirt Preiss, julgado em 24/06/2004).

2. Dolo eventual: "Brincadeira com arma de fogo. réu que reiteradamente apontava a arma para seus amigos. Disparo acidental. Atitude que configura o dolo eventual. Anulação da decisão que desclassificou o fato para homicídio culposo. Veredicto manifestamente contrário à prova dos autos. Renovação do júri. Apelo ministerial provido. Prejudicado o apelo defensivo" (Apelação Crime nº 70007054281, Primeira Câmara Criminal, Tribunal de Justiça do RS, Relator: Manuel José Martinez Lucas, julgado em 09/06/2004).

3. Dolo eventual: "Desmoronamento. Diferença entre dolo eventual e culpa consciente. Denunciados que foram alertados por profissional sobre os riscos de desabamento. Secretária de obras que tinha obrigação de averiguar a regularidade da obra e embargá-la eis alertada para a iminência do desmoronamento" (Apelação Crime nº 70007663610, Quarta Câmara Criminal, Tribunal de Justiça Do RS, Relator: Lúcia de Fátima Cerveira, julgado Em 27/05/2004).

4. Dolo eventual e culpa consciente – distinção: "Enquanto no dolo direto o indivíduo age por causa do resultado, no eventual, age apesar do resultado. Na culpa consciente, entretanto, o agente não aceita o evento como verificável no caso concreto; repele-o embora inconsideradamente" (TACRIM-SP – AC – Rel. Azevedo Franceschini – JUTACRIM 27/335).

5. Dolo eventual e culpa consciente – distinção: "Há salutar diferença entre o dolo eventual e a culpa stricto sensu. Há, realmente, um traço comum, no dizer de

Nélson Hungria, mas diversa é a voluntariedade" (TJDF – Rec. – Rel. Waldir Meuren – DJ 23.4.79, p. 3.189).

6. Culpa consciente e princípio da confiança: "Na culpa consciente, embora prevendo o agente, também, o resultado, o repele, na confiança de que a previsão hipotética não ocorrerá" (TJBA – CJ – Rel. Aderbal Gonçalves – RT 409/395).

Capítulo 10

DOLO E TENTATIVA

10.1. O crime tentado

O Código Penal estabelece que o crime é tentado quando, iniciada a execução, não se consuma por circunstâncias alheias à vontade do agente (CP, art. 14, II). A tentativa, com efeito, constitui forma de adequação típica indireta (Capítulo 6, *supra*), pela qual se consideram típicos os fatos que não atingiram a consumação por circunstâncias alheias à vontade do agente.

Fundamental, portanto, na verificação da tentativa, é que o agente tenha dado início aos atos de execução. Assim, em todo o chamado *iter criminis* – cogitação, preparação, execução, consumação e, eventualmente, exaurimento – somente os atos de execução são verdadeiramente atos de tentativa. Isso porque, a partir da consumação, não se fala em *conatus*, por ter o agente atingido a *meta optata*. Os atos anteriores, de outra parte, são impuníveis, salvo quando os atos preparatórios de um crime constituam crime autônomo, como ocorre, por exemplo, no artigo 291 do CP (petrechos para a falsificação de moeda).

A punibilidade dos atos executórios, com rechaço aos demais, consagra o critério objetivo na punibilidade da tentativa, que não se contenta com o critério subjetivo, no sentido de que bastaria a manifestação da intenção de praticar o crime. Com isso, afasta-se a cogitação e a mera preparação pela qual o agente manifesta, já, sua intenção delituosa.[101] É mister, pois, segundo a teoria objetiva, efetiva ameaça ao bem jurídico, que só acontece com o início da execução.

Nem sempre é fácil, porém, distinguir com exatidão um ato preparatório de um ato de execução, pois há situações limítrofes. Ex.: o agente que, dizendo que vai matar seu desafeto, saca a arma para alvejá-lo, vindo a ser desarmado sem desferir um único disparo.

Vários critérios foram aventados, predominando o *lógico-formal*, pelo qual o ato executivo é o compreendido como início e uma atividade típica.[102]

Além do início de execução, outro importante elemento da tentativa é a não consumação por circunstância alheia à vontade do agente. É imperioso não confundir, como já dito, vontade com desejo, intenção, finalidade, motivo, etc. Vontade é pura energia anímica. Portanto, a expressão *circunstância alheia à vontade do agente* significa, apenas, que o agente não contribuiu voluntariamente para a evitação do resultado. Ou seja, dita evitação decorreu de circunstâncias externas ao agente, sendo ilimitadas as possibilidades: desde uma intervenção médica até a pura sorte da vítima.

Se tiver havido contribuição do agente para a evitação do resultado, estar-se-á diante da *tentativa abandonada*, que ocorre na desistência voluntária e no arrependimento eficaz.

A desistência voluntária ocorre quando a execução está em curso e o agente a interrompe. O arrependimento eficaz existe quando, após o processo executório, o agente resolve empreender esforços para evitar o resultado. Vale dizer: considera-se a voluntária interrupção durante (desistência voluntária) ou após (arrependimento eficaz) os

---

[101] A menos que o ato preparatório de um crime constitua ato executório de outro, como ocorre, por exemplo, com a posse de maquinismo, aparelho, instrumento ou qualquer outro objeto especialmente destinado à falsificação de moeda, que, embora constitua ato preparatório da falsificação, foi guindado a crime autônomo, previsto no artigo 291 do Código Penal, constituindo, autêntico ato de execução deste.

[102] Fernando Capez, *op. cit.*, p. 196-197.

atos de execução. Assim, se o agente, após ter desferido um disparo contra a vítima, vendo que esta não morreu, deixa de efetuar novos disparos na expectativa de que ela não morra, transparece a sua desistência. Se, porém, tendo efetuado disparos suficientes para matar a vítima, resolve o agente prestar-lhe socorro, trata-se de arrependimento eficaz. Nas duas hipóteses é importante que o crime não se consume, pois se isso ocorrer, nenhum valor jurídico terá o esforço do agente. É preciso, pois, que a atuação do agente realmente ajude a impedir o resultado. Com efeito, verificada a desistência voluntária ou o arrependimento eficaz, o agente não responde pela tentativa, mas tão só pelos atos praticados (CP, art. 15).[103]

De forma alguma tais institutos podem ser confundidos com o arrependimento posterior, previsto no artigo 16, pois este pressupõe um crime consumado, funcionando como causa de diminuição de pena, nos crimes cometidos sem violência ou grave ameaça à pessoa.

Desistência voluntária e arrependimento eficaz têm outra natureza jurídica, funcionando como causa de atipicidade da tentativa, por ausência de adequação típica, já que não existe um elemento da norma de extensão: *circunstância alheia à vontade do agente*.[104] Na verdade, o crime não se consuma graças à atuação da vontade do agente, ainda que com o concurso de outras circunstâncias, como, por exemplo, socorro médico prestado à vítima conduzida ao hospital pelo próprio agressor.

Uma compreensão errônea da desistência voluntária produz, não raramente, distorções no trato do instituto. Não é o simples fato de o agente não exaurir os meios executórios que configura a desistência. Fosse assim, um

---

[103] Assim, demonstrado que o agente desistiu de causar a morte da vítima ou arrependeu-se eficazmente, responderá apenas por lesões corporais, beneficiando-se da chamada "ponte de ouro", consagrada expressão de Von Liszt.

[104] Há quem compreenda, como Nélson Hungria, Aníbal Bruno e Magalhães Noronha, que a desistência voluntária e o arrependimento eficaz são causas especiais de extinção da punibilidade. Outros, como Roxin, invocam razões de política criminal. Sobre o tema, consulte-se Zaffaroni e Pierangelli, *in Da tentativa*, 4ª ed., São Paulo: RT, 1995, p. 86-91.

indivíduo armado de pistola e metralhadora que fizesse uso de toda a munição daquela seria beneficiado por não utilizar a metralhadora, em que pese ter acertado uma dezena de tiros na vítima. Destarte, a afirmação da desistência voluntária deve levar em conta a suficiência dos atos de execução praticados. Se estes se revelam suficientes para a produção do resultado, não se pode falar em desistência (embora seja possível, ainda, falar-se em arrependimento, se o agente agir em favor da vítima). Se, todavia, os atos executórios não são suficientes à satisfação da *meta optata* e o agente voluntariamente freia a execução, trata-se, aí sim, de genuína desistência. Exemplificando, não existe a tentativa se o agente, ante a queda inerte da vítima, pensando que já fez o suficiente para matar, deixa intactos os demais projetis de que dispõe.

Não há tentativa quando, por ineficácia absoluta do meio empregado ou por impropriedade absoluta do objeto, é impossível a produção do resultado (CP, art. 17).[105] Trata-se da hipótese de *crime impossível* ou *tentativa inidônea*, que requer que a ineficácia do meio empregado ou a impropriedade do objeto sobre o qual recai a ação tenham caráter *absoluto*, e não *relativo*. Assim, não é punido o agente que dispara contra outrem com arma descarregada (inidoneidade absoluta do meio), mas pratica tentativa de homicídio quem o faz com arma municiada com carga velha que, ocasionalmente, não dispara (inidoneidade relativa). Exemplo de crime impossível é o flagrante forjado, consoante a Súmula 145 do STF: "Não há crime quando a preparação do flagrante pela polícia torna impossível a consumação".[106]

Ainda, à guisa de classificação da tentativa, diz-se que esta é perfeita ou acabada quando o agente exaure os atos

---

[105] O Código Penal de 1940 fazia concessão à chamada *teoria sintomática*, prevendo medida de segurança ao autor de crime impossível, por considerar tal conduta expressão de periculosidade do agente.
[106] O flagrante preparado ou provocado não se confunde com o flagrante "esperado". Nesse sentido: "Não há flagrante preparado quando a ação policial aguarda o momento da prática delituosa, valendo-se de investigação anterior, para efetivar a prisão, em utilização de agente provocador" (RSTJ, 10/389).

de execução; é imperfeita ou inacabada quando a interrupção do *iter criminis* ocorre durante os atos executórios. Além disso, a tentativa é branca quando a vítima não é atingida; do contrário, diz-se *cruenta*.

10.2. Dolo (eventual) e culpa na tentativa

Não há incompatibilidade entre tentativa e dolo em qualquer de suas modalidades, quer se trate de crime *de ímpeto ou refletido*.[107]

Malgrado posições em contrário,[108] a tentativa é totalmente compatível com o dolo eventual, conforme ensinam Zaffaroni e Pieranggeli:

"Quase unânime é a doutrina em considerar a tentativa como a 'realização incompleta da conduta típica', que 'não se pune como crime autônomo', que é um fragmento de crime, ao qual falta a sua última fase, que é a consumação, que 'constitui ampliação temporal na figura típica'. E uma necessária conseqüência que se tira é a inexistência de um 'dolo de tentativa', pois, na tentativa, o dolo não é outro senão o do delito objetivado, de maneira que pode possuir as mesmas modalidades conatas deste, ou seja, na tentativa o dolo eventual será admissível nos mesmos casos e circunstâncias em que o for para o delito consumado."

Miguel Reale Jr. registra que "tentativa é sempre tentativa de consumar um determinado delito".[109] Por isso, salienta Muñoz Conde "ser o dolo o mesmo do delito con-

---

107 Damásio Evangelista de Jesus, *op. cit.*, p. 292.
108 Consoante Julio Fabbrini Mirabete, "há hipóteses evidentes de impossibilidade de tentativa com dolo eventual nos crimes de homicídio e de lesões corporais, pois quem põe em perigo a integridade corporal de alguém voluntariamente, sem desejar causar a lesão, pratica fato típico especial (CP, art. 132); quem põe em risco a vida de alguém, causando-lhe lesão e não querendo sua morte, pratica o crime de lesão corporal de natureza grave (art. 129, §1º, II)", *op. cit.*, p. 151-152. O próprio Mirabete, porém, admite a tentativa com dolo eventual "as hipóteses em que este deriva da dúvida a respeito de um elemento do tipo (*op. cit.*)".
109 *Teoria do Delito*, São Paulo, RT, 1998, p. 190.

sumado, bastando eventual, se também é suficiente para o delito consumado".[110]

Com efeito, não existe dolo de tentativa e dolo de consumação. O crime tentado é apenas um crime que deveria ter se consumado. Suponha-se que alguém efetue disparos contra outrem, fugindo do local. O fato de a vítima não morrer não altera o que já se aperfeiçoou no plano psicológico. Se, na hipótese aventada, havia inicialmente dolo direto ou mesmo eventual de matar, o fato de a vítima ser socorrida não pode retroceder para alterar a subjetividade que sequer existe mais. Quando a conduta se exterioriza, parte de uma subjetividade definida. Esta se projeta no mundo exterior e não pode ser alterada por este. Portanto, o sujeito idealiza e age, precipitando a causalidade. A interrupção desta não retroage para modificar a idealização

Assim, não se pode condicionar o dolo ao resultado, pois este é externo e posterior ao próprio dolo. Consumando-se ou não o delito, o dolo é o mesmo que presidiu a conduta no seu limiar psicológico.

Em síntese: *a subjetividade condiciona o resultado e não o contrário*. As posições adversas subvertem a estrutura da conduta humana. A pá de cal sobre o assunto provém de Nélson Hungria:

"Do mesmo modo que é conciliável com o dolo de ímpeto, a tentativa também o é com o dolo eventual. Este ponto de vista é inquestionável em face de nosso Código, que equiparou o dolo eventual ao dolo direto. Se o agente aquiesce no advento do resultado específico do crime, previsto como possível, é claro que este entra na órbita de sua volição: logo, se, por circunstâncias fortuitas, tal resultado não ocorre, é inegável que o agente deve responder por tentativa. É verdade que, na prática, será difícil identificar-se a tentativa no caso de dolo eventual, notadamente quando resulta totalmente improfícua (tentativa branca). Mas, repita-se: a dificulda-

---

[110] *Teoria geral do delito*, Porto Alegre: Fabris, 1988, 182.

de de prova não pode influir na conceituação de tentativa".[111]

Diferentemente ocorre com a culpa, pois a tentativa é incompatível com a forma culposa de crime, salvo na chamada *culpa imprópria*, que se trata, na verdade, de um fato doloso punido com pena de crime culposo, em razão de opção legislativa para os casos de erro de tipo permissivo (Capítulo 8, *supra*). Ocorre que a culpa é, por definição, um acontecimento estranho à representação e à vontade do agente, incompatibilizando-se com o *contatus*.

Essa afirmação vale, evidentemente, para a parte culposa dos tipos preterintencionais. Há crimes preterintencionais, porém, que podem, excepcionalmente, realizar-se mediante atos de tentativa, como o aborto tentado seguido de lesão grave ou morte (CP, art. 127), bem como no estupro tentado seguido de lesão grave ou morte (CP, art. 223). No caso de aborto, a lei fala em aborto ou meios empregados para provocá-lo, o que equivale a atos executórios e, portanto, atos de tentativa. No estupro, não fala a lei nas conseqüências da conjunção carnal, mas da violência, que é, também, ato executório e, portanto, de tentativa.

Conforme Julio Fabbrini Mirabete, a tentativa é plenamente possível *nos crimes qualificados pelo resultado em que este é abrangido pelo dolo do sujeito.*[112]

10.3. Jurisprudência

1. Tentativa e dolo eventual: "Admissível a forma tentada do crime cometido com dolo eventual, já que plenamente equiparado ao dolo direto; inegável que arriscar-se conscientemente a produzir um evento equivale tanto quanto querê-lo" (STJ, RHC 6797 / RJ, Quinta Turma, Rel. Min. Edson Vidigal, DJ 16.02.1998 p. 114, 1998).

---
111 *Comentários...*, op. cit., 85-6.
112 *Manual de direito penal*, São Paulo: Atlas, 1994, p. 154.

2. Tentativa e dolo eventual: "O dolo eventual pode coexistir com a forma pela qual o crime é executado. Assim, nada impede que o agente, embora prevendo o resultado morte, o aceite e pratique o ato usando de meio que surpreenda a vítima, dificultando ou impossibilitando a defesa, tal o quadro que entremostra nos autos" (STJ, RESP 57586 / PR, Rel. Ministro Jesus Costa Lima, DJ 25.09.1995 p. 31122).

3. Tentativa e dolo eventual: "Acusado que participou do evento auxiliando na confecção e arremesso de 'coquetel molotov' contra prédio de clube – dolo eventual – risco assumido de causar o dano – conseqüências não atingidas por circunstâncias alheias à vontade do agente – recurso provido." (TJSP – Apelação Criminal N. 162.766-3 – Dois Córregos – 1ª Câmara Criminal – Relator: Marcial Hollanda – 11.09.95 – V.U.)

4. Tentativa e dolo eventual: "Já foi reiteradas vezes decidido por esta câmara que o ato de atirar contra policiais que efetuam a perseguição de assaltantes constitui, sim, tentativa de homicídio, pois inegável o dolo, pelo menos eventual, no sentido de assumir o risco de matar algum dos perseguidores ou mesmo terceiras pessoas; mormente se o fato ocorreu em zona urbana, via pública. (TJRS, Apelação Crime Nº 70003426368, Segunda Câmara Criminal, Relator: Walter Jobim Neto, Julgado Em 27/12/2001)

Capítulo 11

TEMAS PRÁTICOS

11.1. A prova do dolo

Será possível provar pensamento? Não, absolutamente. O pensamento pode ser manifestado e, até, confessado. De qualquer forma, é da exteriorização que se infere a natureza interna da conduta.

Se alguém conduz um cego a fazer uma travessia, exterioriza um bom propósito. Mas, se, no meio da movimentada avenida, abandona o cego à própria sorte, altera completamente a compreensão sobre o elemento subjetivo, evidenciando sua má intenção. Portanto, é a forma como a intenção se exterioriza que permite perscrutá-la.

Sendo complexo fenômeno psíquico, o dolo, como qualquer elemento subjetivo, é insuscetível de comprovação material, devendo ser afirmado ou negado a partir da observação das circunstâncias do fato. O raciocínio é dedutivo, porque parte da generalidade (o fato material e suas circunstâncias) para a particularidade (dolo ou culpa).

É nesse sentido a clássica lição de Malatesta:

"Os homens, geralmente, quando agem, têm a saber a natureza de suas ações e a meta a que se dirigem. Por isso, se o homem, sem nenhuma relação com a ação, presume-se inocente, quando, ao contrário, tenha-se provado que cometeu uma ação de exterioridade criminosa, presume-se culpado, enquanto também se presume cônscio da natureza da própria ação, a qual *in se dolum habet*. Esta presunção de dolo não é senão uma presunção *juris tantum*, que encontra sua justificativa na exterioridade criminosa da ação já provada, enquanto fato material criminoso, por si mesmo, só se apresenta suscetível de intenção dolosa. Quando, pois, diante da ação criminosa provada, que inclui o dolo, o acusado se apresenta negando-o, contrapõe a uma afirmativa provada, uma asserção totalmente improvada que ele tem obrigação de demonstrar. Mas é preciso não esquecer que a obrigação de provar é sempre entendida de modo limitadíssimo para os fins da defesa penal. Se as provas da acusação, para terem conseqüências jurídicas, devem conduzir à certeza da criminalidade, as da defesa produzem seu efeito quando chegam, simplesmente, a abalar tal certeza; e a isso chegam, fazendo simplesmente admitir a *credibilidade* do próprio assunto".[113]

Nélson Hungria trilha o mesmo caminho:

"Já que não se pode devassar o foro interno, tem-se de presumir o dolo quando as circunstâncias externas (meios empregados, relação entre o resultado e a ação, motivos averiguados, ocasião, conduta do agente antes, durante e depois do fato, etc.) indicarem, segundo *il quod saepius fit*, que o agente não podia ter deixado de querer o resultado; mas se vem a ser provada, por iniciativa ou não do réu, alguma circunstância demonstrativa de que ele não quis o resultado antijurídico como tal, o juiz terá de reconhecer a ausência de dolo".[114]

Com efeito, é da manifestação externa da conduta que se deve extrair o coeficiente probatório dos aspectos subjetivos do comportamento.

Consoante a lição indissonante de Fernando de Almeida Pedroso:

---

[113] Nicola Framarino dei Malatesta, *A lógica das provas em matéria criminal*, v. 1, São Paulo: Conan, p. 146.
[114] *Op. cit.*, p. 145.

"Não obstante árdua escabrosa que ressurte a *exploratio mentis*, certo é que o dolo que anima a ação do sujeito ativo encontra elucidação e esclarecimento, via de regra, por circunstâncias e elementos fáticos de índole objetiva.

Dessa maneira, e de rigor, o elementos subjetivo do crime é denotado pelas circunstâncias objetivas que circundaram o evolver do episódio".[115]

Não é à toa que, no homicídio preterintencional – lesão corporal seguida de morte – o legislador expressamente enfatiza que são as circunstâncias que devem indicar que o agente não quis o resultado nem assumiu o risco de produzi-lo (CP, art. 129, § 3º).

11.2. Acusação e dolo

De forma alguma é exigível explicitação, na peça acusatória, tratar-se de dolo direto ou eventual, pois tal distinção não é essencial ao fato e, dada sua natureza subjetiva, ter-se-ia draconiana exigência.

Sequer é preciso constar, expressamente, qualquer menção ao dolo, pois este é a regra, de modo que só a exceção, ou seja, a culpa, é que deve ser descrita. A denúncia é descrição de um fato típico e no tipo penal não há descrição do dolo, muito menos suas modalidades. De outra parte, a denúncia, assim como o libelo, deve conter o que a acusação irá provar. Como visto alhures, não é possível provar o dolo, senão inferi-lo das circunstâncias.

Veja-se que a exigência de inclusão da modalidade de dolo na denúncia ou no libelo (e, conseqüentemente, na quesitação aos jurados), pode gerar insuperável problema prático.

Imaginemos que o promotor formule denúncia explicitando dolo eventual de matar. A pronúncia acolhe a pro-

---
[115] *Op. cit.*, p. 103.

posição acusatória e o libelo acaba por incorporar o artigo do dolo eventual. No julgamento em plenário, o réu, que até então negara a autoria, torna-se confesso e diz: "eu quis matar!".

Não sendo possível tão serôdio aditamento, deve ser formulado o quesito do dolo eventual, constante no libelo. Tal quesito poderá ser negado, pois disse o réu que o dolo foi direto, e não eventual. Negado quesito relativo ao dolo eventual e não havendo o de dolo direto, por impossibilidade jurídica de aditamento nessa oportunidade, estará afastada a modalidade dolosa, embora o réu a tenha afirmado.

Com efeito, quesitos específicos sobre as espécies de dolo só se exigem quando for tese defensiva a ausência de dolo.[116]

11.3. Dolo eventual e crimes de trânsito

Nos últimos anos, os meios de comunicação impressionaram a opinião pública e as autoridades com as alarmantes estatísticas da violência no trânsito. Estudos da Organização Mundial de Saúde estimam que, no ano de 2020, os acidentes de transporte terrestre representarão a segunda causa de morte prematura no mundo. No Brasil, estatísticas indicam a ocorrência de cerca de 350 mil acidentes anuais com vítima em todo o País, dos quais resultam cerca de 30 mil mortes e 300 mil feridos. Cerca de 30% desses acidentes são atropelamentos e causam 51% dos óbitos. A dura realidade é que, a despeito de o senso comum ter consagrado a expressão "acidente" de trânsito, a violência protagonizada por motoristas é tão veemente que transcende a acidentalidade e, até mesmo, a simples irresponsabilidade.

---

[116] "Estando a tese defensiva alicerçada na negativa de dolo, necessário se faz o desdobramento em dois quesitos, um quanto ao dolo direto e outro quanto ao dolo eventual" (TJRS, AC nº 70006852958, 2ª Câmara Criminal, relatora Laís Rogéria Alves Barbosa, julgado em 04/12/2003).

Disparar um automóvel em via movimentada é como disparar um revólver a esmo. O agente não quer matar ninguém, mas conduz finalidade adequada ao extermínio. Não se pode, pois, salvo em situações excepcionais, dizer que agiu culposamente, pois o resultado decorre de vontade adequadamente dirigida para um fim: a morte.

Ninguém desconhece o alto poder vulnerante de um automóvel. Esse conhecimento faz parte da formação de qualquer motorista, de tal maneira que o atropelamento e a colisão só excepcionalmente não são representados intelectualmente.

Assim, quando se fala em evento de trânsito estamos falando, em regra, em algo previsto pelo agente. Com isso, satisfaz-se um dos elementos do dolo: a representação.[117]

Resta considerar a intenção do agente, ou seja, como a vontade foi dirigida finalisticamente.

Segundo a natureza das coisas, só excepcionalmente se pode admitir que alguém, tendo consciência do resultado, foi até ele sem o propósito, mesmo remoto, de fazê-lo. É preciso, portanto, que as circunstâncias favoreçam de tal modo o agente que se possa afirmar, com boa margem de certeza, que seu agir decorreu de mero descuido, porque o agente, tendo previsto o resultado, tinha plena condição anímica de afastar-se dele.

Vige o *princípio da confiança*. É preciso verificar se, nas circunstâncias, o agente tinha razões legítimas para confiar que o resultado que ele previu não iria acontecer. Se essas razões não existirem, não se pode afirmar a exceção. Já ficou dito que não se pode confundir esperança com confiança (Capítulo 9, *supra*).

Veja-se. Quem mata em meio a um racha, por exemplo, o faz por um ato de vontade, pois não existe conduta sem vontade. Essa vontade, porém, não é uma vontade vazia de finalidade letal, pois foi avisada, pelo intelecto, quanto ao perigo do comportamento e, mesmo assim,

---

[117] Tanto que, nos homicídios cometidos na direção de veículo automotor, é comum polarizar-se o debate em dolo eventual e culpa consciente, fenômenos cujo traço comum é, justamente, a representação.

orientou-se na direção do perigo. Assim, só se pode admitir a ausência do dolo, que consubstancia a regra dos atos humanos, se o agente puder, nas circunstâncias, acreditar seriamente que o resultado não irá acontecer. É o que diz a doutrina:

> "...a *imprudência consciente* se caracteriza, no nível intelectual, pela leviandade em relação a possível produção do resultado típico e, no nível da atitude emocional, por confiar na ausência ou evitação desse resultado, por força da habilidade, da atenção, cuidado, etc. na realização concreta da ação".[118]

Pergunta-se: *pode um bêbado, dirigindo a 100 Km/h, confiar na no ocorrência do resultado?* Evidente que não. Mas no seu interrogatório, já sóbrio, dirá que sim, pois não se espera do acusado que se auto-incrimine.

Não havendo quem seja capaz de perscrutar-lhe a verdade psíquica com rigor científico, há duas possibilidades: acreditar ou não. Impõe-se optar pela regra – o dolo – aceitando a exceção – culpa – apenas se as circunstâncias verdadeiramente a indicarem.

Considere-se que a culpa é, por si só, excepcional, porque não se pode consagrar a regra de que o homem pratica o mal sem representação ou vontade de fazê-lo. A partir do momento em que há representação do mal e este ocorre, a falta de vontade de fazê-lo constitui exceção maior ainda. É a culpa consciente, em que o agente pratica o resultado por um ato de consciência, mas sem finalidade de praticá-lo.

Infelizmente, alguns juristas importantes reduzem complexos fenômenos psicológicos a simplistas fórmulas dogmáticas. Descortina-se, com isso, a disseminada incompreensão da verdadeira natureza do dolo, que nada mais é do que uma manifestação da liberdade intelectual e volitiva dos seres humanos. Por serem fenômenos do psiquismo, representação e vontade não cabem sequer em tratados de psicologia ou psiquiatria, não havendo de ca-

---

[118] Juarez Cirino dos Santos, *op. cit.*, p. 70-71.

ber em tratados de dogmática ou, muito menos, em lacônicos aforismas legais.

Por isso, afirmações do tipo "cabe sempre" ou "não cabe nunca" não convencem o espírito de inquietação intelectual que traduz o autêntico pensamento científico.

11.4. Dolo e infecções

Parece temerária a posição de Francisco Muñoz Conde e Mercedes García Arán quando sustentam a inexistência de dolo de matar nas infecções graves, especialmente por HIV. Dizem eles que "não há nenhuma dúvida em considerar doloso o atentado à saúde que assim se produz na forma de um delito de lesões. Mas dificuldades há, em contrapartida, em aceitar o dolo (eventual) a respeito do provável, ainda que dilatado no tempo, evento morte. Os múltiplos fatores que podem condicionar essa morte (por exemplo, o descobrimento de um medicamento), as dificuldades probatórias da relação causal, etc., aconselham limitar a responsabilidade penal (dolosa) ao delito de lesões".[119]

É indiscutível a letalidade de quem transmite a outrem o vírus causador da síndrome em comento. Qualquer infecção superveniente à conduta encontrará, na vítima, as condições próprias para prosperar e causar-lhe a morte, inserindo-se, pois, na linha natural de desdobramento da conduta do agente. Se a vítima morre, nada pode afastar a hipótese de homicídio doloso, porquanto esta morte foi totalmente previsível pelo agente, que não teria qualquer razão para confiar na descoberta da cura ou outro fato científico ou milagroso, o que deslocaria o resultado para a esfera da culpa consciente.

Com efeito, uma circunstância de tal jaez, capaz de frenar a causalidade letal, seria sempre alheia à vontade do autor do crime, aperfeiçoando-se a tipicidade da tenta-

---

[119] *Derecho penal*, op. cit., p. 312.

tiva. Do contrário, não haveria margem para distinguir a conduta daquele que, após produzir o contágio, abandona a vítima à própria sorte, daquele outro que procura evitar a morte, empreendendo todos os esforços e buscando todos os recursos médicos para salvar a vítima. Seria correto que ambos respondessem por lesões corporais? Ora, é certo que só se pode falar em lesões no segundo caso, mercê do arrependimento eficaz expressado pelo agente, desde que a morte não aconteça.

É nesse sentido a posição da advogada Millaray Atalia Cortez Zambon:

"Infelizmente, é muito difícil saber o *animus* do agente. Porém uma coisa é certa: se o autor sabe de sua condição de portador do vírus, e ainda assim mantém relações sexuais, sem comunicar a outra parte de que é portador do HIV e mesmo, ciente de sua condição, não usa preservativo, assume com isto o risco de transmitir a doença letal, caracterizando assim a tentativa de homicídio com dolo eventual".[120]

Embora vacilante, a jurisprudência brasileira tem se orientado pelo reconhecimento da tentativa de homicídio.[121]

11.5. Dolo e culpa na aplicação da pena

A reforma penal de 1984 (Lei nº 7.209), entre tantas alterações ligadas ao sistema finalista, adotou no artigo 59 do Código Penal a expressão "culpabilidade" em lugar de "intensidade do dolo ou grau de culpa", prevista anteriormente, visto que graduável é a censura, cujo índice, maior ou menor, incide na quantidade da pena.[122]

Não obstante, é pacífico que o juiz deve atentar para a maior ou menor reprovabilidade do elemento subjetivo

---

[120] A adequação típica da transmissão sexual do HIV. Revista Jurídica do GAPA/RS, Ano I, Número I, p. 12.

[121] TJRS, RCR Nº 698485232; TJRS, Apelação-Crime nº 70000012872.

[122] Cf. Exposição de motivos da nova parte geral do código penal, item 50.

(dolo) ou normativo (culpa), como forma de conferir maior ou menor censura ao comportamento doloso ou culposo.

Imperioso acompanhar, portanto, o escólio de José Antonio Paganella Boschi, *in verbis*:

"Não mais significando dolo ou culpa – como propunha a redação original do Código (artigo 42), admitem os tribunais, contudo, que para graduar a culpabilidade o juiz possa amparar-se, subsidiariamente, nas espécies de dolo e culpa, no agir doloso ou culposo.

Assim, um dolo mais intenso ou uma culpa mais grave seriam em princípio indícios de que a conduta é mais censurável...".[123]

Por outro lado, Julio Fabbrini Mirabete adverte que "um dolo mais intenso ou uma culpa mais grave são índices precisos de que a conduta é mais censurável. A intensidade do dolo refere-se à pertinácia ou, ao contrário, a pouca disposição em perseguir a intenção criminosa; o dolo direto, por exemplo, é mais intenso que o dolo eventual, e a premeditação indica uma conduta mais reprovável do que aquela desencadeada por dolo de ímpeto. O grau da culpa (grave, leve o levíssimo) funda-se na maior ou menor previsibilidade do resultado lesivo e nos cuidados objetivos exigíveis do agente, denunciando, por conseguinte, a maior ou menor censurabilidade da conduta culposa".[124]

Não se trata, em absoluto, de agregar dolo e culpa à culpabilidade, como pretendem alguns.[125] A culpabilidade, numa concepção finalista, compõe-se unicamente de elementos normativos, ficando então separada do dolo. Trata-se, apenas, de examinar dolo e culpa à luz da culpabilidade. Assim, verificada a imputabilidade do agen-

---

[123] *Das penas e seus critérios de aplicação*, 3. ed., rev. atual., Porto Alegre: Livraria do Advogado, p. 192-3, 2004.

[124] *Manual de direito penal*, op. cit., p. 287-288.

[125] Cf. Ingeborg Puppe, "a maior culpabilidade da causação dolosa de um resultado injusto em face da causação culposa faz alguns autores atribuírem ao dolo uma dupla posição, tanto de elemento do injusto quanto da culpabilidade" (*A distinção entre dolo e culpa*; tradução, introdução e notas de Luís Greco, Barueri, São Paulo: Manole, 2004, p. 5).

te, traduzida na capacidade de entendimento ético e de autodeterminação segundo esse entendimento, bem como a potencial consciência da ilicitude, avulta a maior ou menor exigibilidade de uma conduta adequada ao direito, ou seja, uma conduta desprovida de dolo ou de culpa.

Conforme ensinam Edilson Mougenot Bonfim e Fernando Capez, "não devemos confundir culpabilidade, que é o juízo de reprovação do autor da conduta, com o grau de culpabilidade, circunstância a ser aferida no momento da dosagem da pena e dentro da qual se encontram a espécie de dolo e o grau de culpa".[126]

11.6. Jurisprudência

1. Dolo e culpa – aplicação da pena: "Quando as circunstâncias do fato evidenciarem dolo extravagantemente intenso, deverão as penas-bases distanciar-se consideravelmente das margens inferiores, para que a reprimenda se mostre, de modo efetivo, suficiente à reprovação e à prevenção do roubo" (TACRIM-SP – AC – Rel. Correa de Moraes – RJD 18/110).

2. Dolo eventual no trânsito – aplicação da pena: "A conduta social desajustada daquele que, agindo com intensa reprovabilidade ético-jurídica, participa, com seu veículo automotor, de inaceitável disputa automobilística realizada em plena via pública, nesta desenvolvendo velocidade exagerada – além de ensejar a possibilidade de reconhecimento do dolo eventual inerente a esse comportamento do agente – justifica a especial exasperação da pena, motivada pela necessidade de o Estado responder, grave e energicamente à atitude de quem, em assim agindo, comete os delitos de homicídio doloso e de lesões corporais" (STF – HC 71800/RS – Rel. Min. Celso de Mello, DJU 03.5.96, p. 13899).

---

[126] *Direito penal*: parte geral, São Paulo: Saraiva, 2004, p. 398.

3. Dolo eventual no trânsito: "Não se pode generalizar a exclusão do dolo eventual em delitos praticados no trânsito. Na hipótese de "racha", em se tratando de pronúncia, a desclassificação da modalidade dolosa de homicídio para a culposa deve ser calcada em prova por demais sólida. No *iudicium accusationis*, inclusive, a eventual dúvida não favorece os acusados, incidindo, aí, a regra exposta na velha parêmia *in dubio pro societate*" (STJ, RESP 247263 / MG, Quinta Turma, Rel. Min. Félix Fisher, DJ 20.08.2001 p. 515).

4. Dolo eventual no trânsito: "Sendo admissível a imputação por delito doloso, incabível a pretendida desclassificação sob alegação de que os delitos, no trânsito, são sempre culposos" (STJ, RESP 186440 / SC, Quinta Turma, Rel. Min. Félix Fisher, DJ 22.03.1999, p. 235).

5. Dolo eventual no trânsito: "Conforme posicionamento firmado por esta Turma, não se admite a generalização no sentido da exclusão do dolo em delitos de trânsito. Precedentes" (STJ, HC 16104 / PE, Quinta Turma, Rel. Min. Gilson Dipp, DJ 27.08.2001 p. 361).

6. Dolo eventual no trânsito: "Apelação-crime. Júri. Atropelamento. Embriaguez do motorista. Reconhecimento do dolo eventual pelos jurados. Decisão não manifestamente contrária à prova dos autos. Manutenção da soberania do veredicto condenatório. Apelo da defesa improvido" (Apelação-Crime nº 70008173387, Primeira Câmara Criminal, Tribunal de Justiça do RS, Relator: Manuel José Martinez Lucas, julgado em 07/04/2004).

7. Dolo eventual no trânsito: "O motorista que na condução de veículo automotor atropela a vítima fugindo do local sem prestar socorro, assume o risco de produzir o resultado danoso, restando caracterizado o dolo eventual. Em delitos desta natureza, neste momento processual impõe-se a pronúncia cabendo ao Tribunal do Júri julgar a causa. Recurso Improvido em decisão unânime" (Recurso em Sentido Estrito nº 70007059876, Terceira Câmara Criminal, Tribunal de Justiça do RS, Relator: José Antônio Hirt Preiss, Julgado em 09/10/2003).

8. Dolo eventual no trânsito: "Recurso em sentido estrito. Acidente de transito. Racha. Homicídio. Dolo eventual. Pronúncia. Versões conflitantes. Se há indícios suficientes da autoria e versões antagônicas sobre a ocorrência do fato, os réus devem ser pronunciados, submetendo-os a julgamento pelo tribunal do júri, o qual em razão de garantia constitucional, e o juiz natural da lide. Negaram provimento ao recurso. Unânime" (TJRS, RSE nº 70005969019, 2ª Câmara Criminal, relator: Délio Spalding de Almeida Wedy, julgado em 04/09/2003).

9. Dolo eventual no trânsito – prova do dolo: "O momento volitivo se manifesta na esfera do subjetivo, no íntimo do agente e, deste modo, não é um dado da realidade que possa ser diretamente apreendido, mas isto não significa que não possa ser extraído do caráter do agente e de todo o complexo de circunstâncias que cercaram seu atuar. A animosidade existente em relação à vítima e o fato de servir-se do próprio automóvel como instrumento de agressão, conduzindo-o na direção do lugar onde a vítima se encontrava evidenciam o querer do agente comprovando que assumiu o risco de realizar o tipo de lesões corporais. Entre o advento do resultado e a renúncia à prática da ação, preferiu aquele a esta. Dessarte, atuou com dolo eventual" (TACRIM-SP, AC 285.215 – Rel. Silva Franco).

10. Prova do dolo: "O dolo eventual, na prática, não é extraído da mente do autor mas, isto sim, das circunstâncias. Nele, não se exige que resultado seja aceito como tal, o que seria adequado ao dolo direto, mas isto sim, que a aceitação se mostre no plano do possível, provável" (STJ, RESP 247263 / MG, Quinta Turma, Rel. Min. Félix Fischer, DJ 20.08.2001 p. 515).

11. Dolo e denúncia: "Os requisitos da denúncia estão elencados no art. 41 do CPP e se referem basicamente aos fatos, e não ao enquadramento jurídico destes. Assim sendo, é desnecessário constar daquela peça a modalidade do dolo com que teria agido o réu, se direto ou eventual. Tal omissão não acarreta a inépcia da denúncia. Não constitui cerceamento de defesa o indeferimento de acareação entre testemunhas, quando as alegadas contradições em seus depoimentos dizem respeito a circunstância não relevante do fato. Inteligência do art. 229 do CP. A ausência de definição da espécie de dolo na denúncia não impede a presença de qualificadora na imputação, uma vez que se entende possível o homicídio qualificado cometido com dolo eventual, especialmente quando se trata de qualificadora objetiva, como é o caso dos autos. Ademais, na espécie, não se pode sequer cogitar da exclusão da qualificadora da surpresa, na fase da pronúncia, diante da narrativa constante da denúncia, que descreve a situação prevista no art. 121, § 2º, IV, do Código Penal. Recurso desprovido" (Recurso em Sentido Estrito nº 70007644388, Primeira Câmara Criminal, Tribunal de Justiça do RS, Relator: Manuel José Martinez Lucas, Julgado em 03/03/2004).

12. Dolo e HIV: "pronúncia. Homicídio. Tentativa. Transmissão de doença letal. Aids. Impõe-se a pronúncia por tentativa de homicídio de quem, ciente de que portador de doença letal transmissível – AIDS – via relações sexuais, mantém relacionamento amoroso, omitindo da parceira a informação sobre sua doença, e não toma cautela alguma para evitar o contágio. Réu, outrossim, que, depois de rompido o relacionamento, teria procurado a sua ex-parceira e a violentado sexualmente. Episódio que estampa com maior consistência a possibilidade do *animus necandi*, invocado como inexistente pela defesa. Dúvidas, que a prova e as circunstâncias do caso revelam, que hão de ser resolvidas pelo tribunal do júri. Afastamento, porém, da qualificadora do meio insidioso, com acolhimento do parecer ministerial" (TJRS, RCR Nº 698485232, 2ª Câmara

Criminal, Rel. Des. Marcelo Bandeira Pereira, j. em 17 dez., 98).

13. Dolo e HIV: "Ementa. Estupro. Réu portador do vírus HIV. Probabilidade de transmissão de doença incurável e que acarreta a morte. Tentativa de homicídio. Dolo eventual. Possibilidade (...). Apelo improvido" (TJRS, Apelação crime nº 70000012872, Rel. Des. Marco Antonio Barbosa Leal).

Conclusão

"É da natureza do agir o propósito dirigido a um resultado", conforme adverte Fábio Bittencourt da Rosa.[127] Isto significa dizer que o dolo constitui a regra e a culpa, exceção. É essa a razão pela qual o dolo não aparece explicitado no tipo – a lei não deve conter palavras inúteis –, ao passo que a culpa, quando punível, aparece sempre. Esta é a lógica que dá origem ao princípio da excepcionalidade do crime culposo, incorporado ao artigo 18, parágrafo único, do CP.

Segundo a orientação finalista, o dolo – elemento subjetivo do tipo – é natural, composto apenas de representação (elemento intelectual) e vontade (elemento volitivo). O seu antigo elemento normativo configura, hoje, dado autônomo da culpabilidade, correspondendo à consciência potencial da ilicitude. A culpa, diferentemente, não constitui dado subjetivo, mas normativo: juízo de valor sobre o descumprimento do dever de cuidado objetivo mediante imprudência, negligência ou imperícia.

É bem de ver, contudo, que o dolo não constitui o único elemento subjetivo do tipo, podendo haver, ao lado desse elemento geral, elementos subjetivos específicos, ligados ao juízo de ilicitude ou de culpabilidade. Não se trata de *dolo específico* – denominação imprópria – mas de elementos subjetivos especiais do tipo, que não se confundem com o dolo e independem dele.

---

[127] Direito penal, *op. cit.*, p. 154.

Dolo e culpa, portanto, distinguem-se completamente. Ambos contemplam representação e vontade, sem o que não haveria conduta. Todavia, enquanto no dolo há representação e vontade voltadas para o resultado, o mesmo não ocorre com a culpa, em que a representação e a vontade voltam-se para um fato estranho ao resultado, o qual só ocorre porque o agente agiu com violação do dever de cuidado objetivo.

É correto dizer, com efeito, que, na culpa, o agente não prevê o que poderia ter previsto, segundo um padrão médio de inteligência e observação (previsibilidade objetiva). Assim, na culpa não há previsão e, portanto, representação, tampouco vontade. No dolo, sim, há representação, sendo que e a vontade se mobiliza para realizar a imagem oriunda do intelecto.

Tormentosa é a distinção entre dolo eventual e culpa consciente. Esta é forma excepcional de culpa, em que há representação do resultado mas, ainda assim, a vontade não se volta à sua realização. Trata-se, pois, de forma excepcional de culpa, já que, de regra, à culpa falece previsão, embora seja o resultado previsível.

Costuma-se adotar a teoria do *assentimento* para afirmação do dolo eventual. Essa teoria é expressa pelo Código Penal na fórmula *assumir o risco de produzir o resultado*. De acordo com essa teoria, o critério mais adotado é o de Frank, para quem age com dolo eventual quem assim pensa: *aconteça o que acontecer, haja o que houver, vou agir*. Ou seja, o agente aceita o resultado. Vimos que a lei e as teorias pouco ajudam.

Tal dificuldade, inerente à natureza subjetiva do dolo, existirá enquanto não for possível à ciência devassar, com uma geringonça qualquer, as labirínticas estruturas mentais do indivíduo.

Não se pode, por outro lado, tomar a culpa consciente como regra, pois isto afronta a natureza do comportamento humano, incorporada aos cânones legais, que consagram a excepcionalidade do crime culposo.

Assim, sendo impossível aquilatar com absoluto rigor científico os dados da subjetividade, são as circunstâncias externas que devem indicar se o agente produziu um resultado sem dolo de fazê-lo, conforme se lê, por exemplo, no § 3º do art. 129 do Código Penal.

É certo que dolo eventual e culpa consciente têm um ponto em comum: a representação do resultado. Se culpa sem previsão constitui exceção, mais excepcional é a culpa com previsão do resultado.

Com efeito, se alguém prevê o resultado, só muito excepcionalmente pode afirmar que o produziu sem vontade de fazê-lo. É o caso de quem confia que o resultado não irá ocorrer. É mister, portanto, sempre perguntar se o agente tinha razões para confiar que o resultado não ocorreria, pois *confiança* não se confunde com simples *esperança*, conforme a advertência, já assentada, de Claus Roxin.

No dolo eventual, de outra parte, o agente tem dúvida sobre sua capacidade de evitar o resultado previsto, mas resolve correr o risco. Não há confiança na não-produção do resultado, podendo haver, no máximo, esperança da não-ocorrência.

Mas tudo, como dito, deve ser extraído das circunstâncias. Assim, sendo certo que um indivíduo, em alta velocidade, prevê a morte de alguém, a ocorrência desta pode decorrer tanto de dolo eventual como de culpa consciente, dependendo do que indicarem as circunstâncias. Descabem, nesse terreno, afirmações absolutas pelo cabimento ou descabimento de dolo eventual. A razão prática impõe acurado exame casuístico.

Diversa é a situação da tentativa com dolo eventual, que independe da casuística. Não se pode condicionar a subjetividade, que é anterior à causalidade, ao sucesso do processo causal. Por isso, há maciço entendimento de que o dolo eventual é compatível com o crime tentado, porquanto não existe *dolo de tentativa*, já que o dolo é exatamente o mesmo do crime consumado.

A lei brasileira não distingue dolo direto do dolo eventual, aplicando-se, a um e outro, igual disciplina. Isso dispensa que se especifique a modalidade dolosa na peça acusatória ou na quesitação aos jurados.

Em que pese a paridade jurídica, dolo direto e eventual, assim como culpa inconsciente e culpa consciente, podem ter pesos diferenciados na aplicação da pena.

Quanto às infecções letais, especialmente HIV, é vacilante a orientação dos tribunais, havendo, todavia, julgados considerando tratar-se de crime doloso contra a vida.

Enfim, o dolo deve ser compreendido como uma figura jurídica ligada a um processo mental simples: *vontade e representação voltadas ao resultado*. Não cabe ao jurista apossar-se da idéia de dolo sem reservar-lhe o devido lugar no plano das ciências do comportamento, reduzindo-o a um mero capricho dogmático. Enclausura a natureza humana quem assim procede.

Compreender o dolo como aspecto subjetivo da conduta típica é conferir-lhe lugar proeminente na teoria do crime, pois não há conduta sem um precedente mental e os seres humanos, desde o princípio de sua caminhada sobre o planeta, projetam no mundo suas representações. Assim é em todas as manifestações comportamentais: da religião à política, da arte à delinqüência. Como salientou Ruy Barbosa, sempre adiante de seu tempo, *"o dolo é o elemento central da criminalidade"*.[128]

---

[128] *Criminologia e dicionário de pensamentos*, Campinas: Romana, 2003, p. 322.

Bibliografia

ASÚA, Luis Jiménez de. *Tratado de derecho penal.* 2. ed. Buenos Aires: Editorial Losada, 1962.

BARBOSA, Ruy (de Oliveira). *Criminologia e dicionário de pensamentos.* Atualizado por Orlando Derezen. Campinas: Romana, 2003, p. 322.

BITENCOURT, César Roberto Bitencourt. *Manual de direito penal: parte geral.* v. 1. São Paulo: Saraiva, 2000.

——. *Erro Jurídico-penal: culpabilidade, erro de tipo, erro de proibição.* São Paulo: RT, 1996.

BONFIM, Edilson Mougenot e CAPEZ, Fernando, *Direito penal: parte geral.* São Paulo: Saraiva, 2004.

BOSCHI, José Antonio Paganella. *Das penas e seus critérios de aplicação.* 3. ed. Porto Alegre: Livraria do Advogado, 2004.

BRUNO, Aníbal.*Direito Penal.* t. 2. Rio de Janeiro: Forense, 1967.

CAMARGO, Chaves. *Culpabilidade e reprovação penal.* São Paulo: Sugestões Literárias, 1994.

CAPEZ, Fernando. *Curso de direito penal: parte geral.* 1 vol. São Paulo: Saraiva, 2000.

CEREZO MIR, José. *Curso de direito penal espanhol,* v. 2., 6. ed., Madrid: Editorial Tecnos, 2001.

CONDE, Francisco Muñoz. *Teoria geral do delito.* Porto Alegre: Fabris, 1988.

——; ARÁN, Mercedes García. *Derecho penal: parte general.* 4. ed. Valência: Tirant lo Blanch, 2000.

COSTA JÚNIOR, Paulo José da. *Nexo causal.* São Paulo: Siciliano Jurídico, 2004.

GALVÃO, Fernando. *Imputação objetiva.* 2. ed. Belo Horizonte: Mandamentos, 2002.

GOMES, Luiz Flávio Gomes. *Erro de tipo e erro de proibição.* 4. ed. São Paulo: RT, 1999.

GRECO, Luís. *Algumas observações introdutórias à "Distinção entre dolo e culpa".* In Puppe, Ingeborg. *Distinção entre dolo e culpa.* Barueri, São Paulo: Manole, 2004.

HUNGRIA, Nélson. *Comentários ao código penal.* v. 1, t. 2. Rio de Janeiro: Forense, 1953.

JAKOBS, Günther. *Fundamentos do direito penal.* Trad. de André Luís Callegari. Colaboração de Lúcia Kalil. São Paulo: RT, 2003.

——. *A imputação objetiva no direito penal.* Trad. de André Luís Callegari. São Paulo: RT, 2000,

JESUS, Damásio Evangelista de. *Imputação objetiva.* 2.ed. São Paulo: Saraiva, 2002.

——. *Direito Penal.* 1 vol. 15. ed. São Paulo: Saraiva, 1991.

KREBS, Pedro. *Teoria jurídica do delito.* Barueri, São Paulo: Manole, 2004.

MIRA Y LÓPEZ, Emílio. *Manual de psicologia jurídica.* 4. ed. Buenos Aires: Ateneu, 1954.

MALATESTA, Nicola Framarino dei. *A lógica das provas em matéria criminal.* 1 vol. São Paulo: Conan, 1995.

MARQUES, Daniela de Freitas. *Elementos subjetivos do injusto.* Belo Horizonte: Del Rey, 2001.

MÉDICI, Sérgio de Oliveira. *Teoria dos tipos penais: parte especial do direito penal.* São Paulo: RT, 2004.

MIRABETE, Julio Fabbrini. *Manual de direito penal.* 1 vol. São Paulo: Atlas, 1994.

NUNES, Ricardo C. *Bosquejo de la culpabilidad.* In Goldschmidt, James. *La concepción normativa de la culpabilidad.* Buenos Aires: Depalma, 1943.

PEDROSO, Fernando de Almeida. *Prova penal.* Rio de Janeiro: Aide, 1994.

PRADO, Luiz Régis. *Curso de direito penal brasileiro: parte geral.* 3. ed. São Paulo: RT, 2002.

PUPPE, Ingeborg. *A distinção entre dolo e culpa.* Trad., introd. e notas de Luís Greco. Barueri, São Paulo: Manole, 2004.

REALE JÚNIOR, Miguel. *Teoria do delito.* São Paulo: RT, 1998.

ROSA, Fábio Bittencourt da. *Direito penal: parte geral.* Rio de Janeiro: Impetus, 2003.

ROXIN, Claus. *Derecho penal: parte general.* t.1. Madrid: Editorial Civitas, 1999.

SANCTIS, Fausto Martins de. *Responsabilidade penal da pessoa jurídica.* São Paulo: Saraiva, 1999.

SANTOS, Juarez Cirino dos. *A moderna teoria do fato punível.* Rio de Janeiro: Freitas Bastos, 2002.

ARAGÃO, Antônio Moniz Sodré de. *As três escolas penais.* Rio de Janeiro: Freitas Bastos, 1963.

SOLER, Sebastián. *Derecho penal argentino.* 2 vol. Buenos Aires: Tipográfica Editora Argentina, 1992.

TAVARES, Juarez.*Teorias do delito.* São Paulo: RT, 1980.

TOLEDO, Francisco de Assis. *Princípios básicos de direito penal.* 5. ed. São Paulo: Saraiva, 1994.

WEINMANN, Amadeu de Almeida. *Princípios de direito penal.* Rio de Janeiro: Rio, 2004.

WELZEL, Hans. *Direito penal.* Trad. de Afonso Celso Rezende. Campinas: Romana, 2003.

WESSELS, Johannes. *Direito penal: aspectos fundamentais.* Tradução e notas de Juarez Tavares. Porto Alegre: Fabris, 1976, p. 166.

ZAFFARONI, Eugênio R. e PIERANGELI, José Henrique. *Manual de direito penal brasileiro.* 2. ed. São Paulo: RT, 1999.

——. *Da tentativa.* 4 ed. São Paulo: RT, 1995.

ZAMBON, Millaray Atalia Cortez. *A adequação típica da transmissão sexual do HIV.* Revista Jurídica do GAPA/RS, n.1.

Impressão:
Editora Evangraf
Rua Waldomiro Schapke, 77 - P. Alegre, RS
Fone: (51) 3336.2466 - Fax: (51) 3336.0422
E-mail: evangraf@terra.com.br